6시그마 원리와 사례

The Principle and Cases of the 6 Sigma Project

6시그마
원리와 사례

권영훈 지음

초판인쇄 2012년 4월 17일
초판발행 2012년 5월 31일

펴낸이 박재규
펴낸곳 경남대학교 출판부

주소 경남 창원시 마산합포구 월영북16길 11(월영동)
전화 055_249_2074 · 2075
팩스 0505_999_2115
전자우편 ko10@kyungnam.ac.kr

ISBN 978-89-8421-343-2-93320

: 머리말 :

1980년대에 시작된 6시그마 프로젝트는 구미의 글로벌 기업을 중심으로 이론과 실제가 탄탄해지면서 궁극적인 품질향상, 수익개선을 위한 최선의 프로그램으로 인식되고 있다. 국내의 유수기업들도 이를 받아들여 상당한 실행성과를 거두고 있어 경영혁신 프로그램으로는 반발 없이 받아들여지는 몇 안 되는 혁신 프로그램이다.

6시그마 프로젝트는 기업의 매출 확산, 점유율 증대와 같은 외형적 지표를 멀리하고 고객만족을 달성한다는 대전재하에서 수익성 개선에 초점을 두고 있다. 문제는 이러한 중요한 이론이 일선 기업에서는 조금 어렵게 받아들여지고 있다는 것이다. 효과적으로 프로그램이 운영되기 위해서는 조직내 구성원들이 큰 어려움 없이 받아들이고 유사한 실행사례를 쉽게 이해할 수 있어야 한다. 그러나 기존의 6시그마 프로그램에 대한 소개서는 다분히 이론을 중심으로 전개되고 있어 best practice를 소개하여 실무에서 실행가능성을 높이는 데는 한계를 보여 왔다. 이러한 문제점을 기준으로 독자들이 용이하게 6시그마 프로젝트를 받아들일 수 있도록 사례위주의 안내서가 필요하겠다는 생각을 바탕으로 본서를 구상하게 되었다. 이후에도 다양한 사례를 바탕으로 본서의 내용을 확대할 예정이다.

본서는 크게 4장으로 구성되어 있다. 1장에서는 6시그마의 의미와 구성요소, 성격을 소개하였고 2장과 3장에서는 6시그마 프로그램을 실행하기 위한 기본적 통계지식과 6시그마의 실행단계를 소개하였다. 4장에서는 국내외의 6시그마 실행사례를 글로벌 기업 기준으로 소개하였으며, 구체적인 2건의 사례를 통해 구체적인 절차를 간접 경험할 수 있도록 하였다. 이러한 이론과 사례를 바탕으로 향후 6시그마 프로젝트를 수행함에 있어 실행가능성과 수익성 개선이 이루어지는데 일조하길 바란다.

2012. 4. 저자

: 차례 :

CHAPTER 4 6시그마 실행 사례

부록 통계분포표

Chapter 1

시그마와 경영혁신

1 성공적인 기업

통상적으로 성공적으로 운영되고 있는 기업들의 공통점을 정리해보면 다음과 같다.

미래지향적 비전의 수립

현재 수익실현에 안주하는 것이 아니라 장기적 관점에서 기업의 안정적 성장을 도모할 수 있는 실현가능하며 진취적인 비전을 수립하고 이를 실현하기 위해 매진한다.

수익증대

a. 주주들에 대한 만족을 극대화
b. 공시되고 시장에 알려지는 경영지표가 신뢰
c. 사업 확장에 대한 기회의 증가
d. 부가가치의 증대에 대한 기대가 분명
e. 효율적 경영활동의 수행

고객만족

a. 외부 고객과 내부 종업원들로부터 존경 받는 회사
b. 직원들의 직무만족을 바탕으로 성공기회를 균형 있게 제공
c. 기업외부의 충성고객 증대
d. 고객의 소리를 청취하고 기업운영에 반영
e. 전 종업원들의 참여의식 증대

고급인력의 육성

a. 과학적, 분석적, 논리적 능력을 바탕으로 문제해결 능력 향상 추구
b. 조직과 개인의 경력관리를 위해 연구/개발 능력의 확대
c. DATA와 기록의 체계화를 통해 기술과 지식, 관리능력의 축적이 가능해진다.
d. 조직내부의 커뮤니케이션 활성화를 통해 합리적 의사결정이 가능해진다.
e. 체계적인 교육훈련을 통해 전문 인력의 육성이 이루어진다.

- 성공적 기업은 최고경영자의 강력한 리더십, 품질철학의 공유, 기업의 비전 수립과 사업목표 달성과 수익성 극대화를 위한 강력한 경영혁신 방법론의 활용, 제품 및 서비스에 대한 고객만족, 품질안정, 시장점유율 증대, 개선의식·개선문화의 정착, 지속적 개선활동 추진, 철저한 재발방지 대책의 수립, 능력계발을 위한 체계적인 교육훈련, 개선방법론에 대한 연구개발, 성공사례·실패사례에 대한 정보공유, 체계적인 기록관리, 개선전문가 육성, 성과에 대한 보상, 끊임없는 연구개발을 바탕으로 한다.
- 이러한 성공적 기업운영을 실행하기 위해서는 앞에서 열거한 세부실행사항을 충실히 지원할 수 있는 품질경영 활동이 요구된다.

품질경영시스템의 도입

- 품질경영시스템을 조직내 도입하고 적용하는 과정은 기업의 전략적 의사결정으로 보아야 한다. 품질경영시스템을 새롭게 도입하고 실행하는 것은 조직의 변화에 대한 요구, 수용의지, 목표달성, 제품이나 서비스의 유형, 기존의 운영프로세스에 의해 영향을 받게 된다. 따라서 획일적 품질경영시스템 도입은 조직 성과실현에 오히려 부정적일 수 있다.

2 6시그마 추진전략 및 원칙

• 6시그마 프로젝트의 핵심적 본질은 기존의 품질경영 활동과는 차이를 두는 기업 경영의 새로운 패러다임을 제시하고 있다는 것이다. 또한 모든 프로세스를 평가, 개선할 수 있는 방법론을 제시, 확보하고 있으며 품질문화를 기반으로 기업의 경영철학으로 자리매김하고 있는 것이다. 마지막으로 인력관리를 정예화하고 전문적 직급체계를 유지하고 있다.

[표 1-1] 6시그마 프로그램의 기본적 추진전략과 세부 원칙

추진전략	세부 원칙
수익성	• 기업의 궁극적 목적은 수익성임을 중시 • 사업전략 방향의 일치 • 품질비용의 감소 • 프로세스의 효율적 운영 • 성과분석의 비용분석
기업위상	• 신 기업 품질문화의 창출 • 일관성 있는 추진으로 일체감 조성 • 각 추진 그룹간의 벤치마킹으로 시너지 효과 • 지속적 개선활동의 의지표명 (중장기적 추진전략 공포)
지속성	• 전사적 차원에서 운영, 통제 • 개선성과의 표준화를 통해 지속적 관리 • 종합 진도관리 체계 (Scorecard 개발) • 동기부여를 통한 직원들의 참여의식 고취
방법론	• 회사별 적용 모델의 검증 및 개발 • 개선활동 매뉴얼의 개발 및 보급 • 실패이력의 체계적 관리 • 기본 통계 개념의 이해를 통한 패키지의 활용
의사소통	• 개선활동에 대한 의사소통의 일체감 조성 • 개선 프로젝트에 대한 조직적 합의 및 팀 활동 • 데이터에 의한 객관적 지표 분석 및 방향설정 • 교육훈련의 지속적 수행

3 6시그마의 의의

- 6시그마는 기업들로 하여금 세계적 수준의 성과를 실현으로 기업이 되어 타기업의 벤치마크를 추구할 수 있도록 실행절차와 조직구조를 제시한다는 점에서 각광을 받고 있다. 이러한 활동은 주로 팀 활동을 통해 이루어지고 있으며, 팀 구성원들은 성과향상을 위한 다양한 방법들을 습득하고 조직의 구현 목적을 성실히 수행할 수 있는 팀원들로 이루어지게 된다.

- 고객입장에서의 제품과 서비스의 가치를 상승시키고자 하는 의도가 내포되어 있기는 하지만, 프로세스와 업무의 효율성과 효과성 수준을 상승시키고자하는 방법이 뚜렷한 방법이라고 보아야 할 것이다.

- 고객만족과 기업성과를 향상시키는데 직접적으로 연관성을 가진 프로젝트들이 선정되며, 선정과정에서 현재의 프로세스 수준과 향후 기대되는 수준간의 차이를 중심으로 평가과정이 이루어지게 된다.

- 포괄적으로 본다면 6시그마는 두 가지의 의미를 가진다. 일단 6시그마는 세계적 수준의 제품과 서비스를 의미하는 상징적 의미를 가지며 탁월한 비즈니스 프로세스의 벤치마크의 의미가 있다. 두 번째로 6시그마는 완벽에 가까운 성과기준과 목표를 달성하는 구조화된 프로세스로서의 의미가 있다. 이러한 두 의미는 6시그마에 대한 통계적 접근에 따라서 뚜렷한 차이점을 보인다.

- 식스 시스마 활동의 성공적 수행을 위해서는 상위 관리자의 리더십이 필요하며 팀원 교육과 관리 프로그램 그리고 현장 중심의 관리활동과 성과 향상을 수행할

수 있는 준비된 팀수행 과정이 필요하다.

- 타경영혁신 프로그램에 비하여 6시그마 활동은 비용의 지출이 많지 않은 편이나, 전체 프로그램의 수행을 위해 필요한 다양한 자원들을 지속적으로 공급하기 위해 최고경영층을 비롯한 다양한 관리층의 장기적인 지원과 협력이 반드시 필요하다. 크지 않은 재무적 지원에도 불구하고 6시그마 활동의 목적이 원가 절감에 있어 재무적 성과도 작지 않다. 그리고 이러한 재무적 성과는 현장 팀원들의 업무 추진을 위한 동인이 된다.

4 6시그마 활동의 주요 특성

- 6시그마 프로그램을 더욱 각광받게 하는 요소들은 기타 경영혁신 프로그램과 일부 특성에서 뚜렷한 차이를 가지기 때문이다. 특히 6시그마라는 용어의 다양한 해석으로 인하여 의미에 대한 해석에서 다양한 접근이 나타나고 있다. 따라서 조직에서 6시그마 프로그램을 적용하기에 앞서 통계적 의미에서의 6시그마인지 공정향상 프로그램으로서의 6시그마를 의미하는 것인지 구분이 반드시 필요하다.

- 통계적 모델로 6시그마를 접근하는 경우에 세 가지 구성요소가 반드시 필요하다. 즉, 표준 시그마 수준에 대한 자료와 측정치 그리고 성과 수준을 필요로 한다. 통계적 모델과 마찬가지로 공정향상 프로그램에서도 세 가지의 요소가 필요한데 프로젝트별 접근과 프로젝트를 수행하기 위한 인프라의 구축, 업무 수행을 위한 핵심인력의 양성으로 구성된다. 이를 그림으로 정리하면 다음과 같다.

[그림 1-1] 6시그마 활동의 기본적 요소

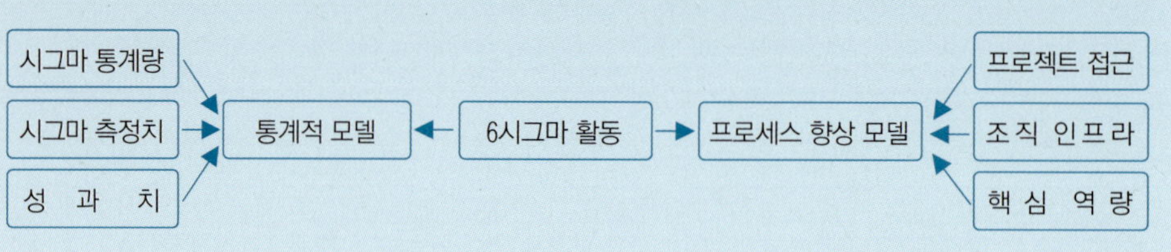

6시그마 활동에 대한 통계적 모델

- 6시그마의 통계적 모델은 세 가지의 목적을 가지고 수행된다. 전반적 성과치로서 6시그마 프로그램을 운영할 수 있는 모든 제품이나 서비스에 적용될 수 있는 수준으로 측정되어야 한다. 또한 6시그마의 올바른 운영을 위해 반드시 벤치마크가 필요하며 마지막으로 6시그마 실행에 대한 프로그램명을 정해야 한다. [그림 1-1]에서 제시되고 있는 6시그마 요소에서 통계적 모델의 요소가 가지는 의미는 다음과 같다.
- 시그마 통계량: 6시그마 프로그램 운영중에 폭넓게 사용되는 통계량으로 모집단 표준편차를 의미하며 측정치의 변동성을 나타내는 통계량이다. 이 통계량은 통계적 모형의 가장 근간을 이루고 있다.
- 시그마 측정치: 시그마 통계량과 간접적으로 관계있는 실제 현장에서의 시그마 수준을 의미한다. 수량치로 측정되어진다.
- 성과치(벤치마크): 시그마 수준으로 많이 활용되는 6시그마 수준은 세계적 수준의 성과로서 백만 기회에서 3.4개 정도의 결점이 발생되는 경우이다.
- 통계적 모형에 대한 논의는 세 가지의 관점을 바탕으로 전개될 필요가 있다. 전반적 이해도를 높이기 위한 방향과 기술적 수준, 통계적 수준으로 그 규모를 기준으로 나누어 볼 수 있다.

[표 1-2] off-centering과 시그마 수준

off-centering	3σ	3.5σ	5σ	5.5σ	6σ
0	2700	465	0.57	0.034	0.002
0.25σ	3577	666	1.02	0.1056	0.0063
0.50σ	6440	1382	3.4	0.71	0.019
0.75σ	12288	3011	11	1.02	0.1
1.00σ	22832	6433	32	3.4	0.39
1.25σ	40111	12201	88.5	10.7	1
1.50σ	66803	22800	233	32	3.4
2.00σ	158700	66800	1300	233	32

[표 1-3] 백만 개당 결점수(dafect)의 수준

품질수준	process 평균이 고정	process 평균이 1.5 σ 이동
1시그마	317,310	697,672
2시그마	45,500	308,538
3시그마	2,700	66,807
4시그마	63	6,210
5시그마	0.57	233
6시그마	0.002	3.4

- 제조활동을 비롯한 생산 활동과 설계, 사무간접 부문의 모든 프로세스의 품질 수준을 표준화된 지표를 통해 측정, 분석하게 되는데 그것이 시그마 수준이다. 따라서 생산되는 품목의 다양성과 프로세스의 복잡함에도 불구하고 성과 평가의 용이성과 비교가능성이 높아지게 된다.
- 통상적으로 판단되는 품질수준은 시그마 수준이 되며 사무간접 부문에서는 백만 번의 기회 중 결함발생수준을 의미하는 DPMO(Defects Per Million Opportunities)를 사용하게 된다. 따라서 시그마 수준과 DPMO는 같은 의미를 가진다.

[표 1-4] 일상생활에서의 3시그마와 6시그마간의 차이

3 시그마 수준	6시그마 수준
책 1페이지에서 오탈자가 1.5건 발생할 확률	공항에서 500년 동안 1건의 착륙오류가 발생할 확률
트정 지역에서 매주 30분간 전화 불통현상이 발생할 확률	도서관 전체 모든 서적에서 오탈자가 1건 발생활 확률
종합병원에서 매년 500건 수준의 잘못된 외과수술이 이루어질 확률	종합병원에서 40년동안 1건 정도의 잘못된 외과수술이 이루어질 확률

6시그마 프로젝트의 기원

- 1981년에 일본기업에 비하여 상대적으로 낮은 품질수준을 개선하고자 Motorola 반도체 사업부에서 처음 시도되었다. 당시에 모토롤라의 회장인 Robert W. Galvin은 품질수준을 10배 이상 향상시키고자 천명을 하고 6시그마 활동을 전담할 수 있는 Motorola University를 개설하였다. 이와 관련하여 애프터 서비스 대상의 제품은 대부분 제조활동 과정에서 재작업과 수리를 거친 제품들이라는 것을 파악하게 되었다. 이러한 내용은 결국 결함 없이 조립된 제품은 고객에게 전달되어 사용되어지는 최종 단계에 이르기까지 초기 고장이 거의 발생하지 않는다는 것을 의미한다. 이러한 논리는 Hidden factory(숨은 공장), Rolled throughput yield(RTY: 누적수율)라는 아이디어를 제공하게 된다. 이후 1985년에 Defect per Unit(DPU)을 확장하여 Total Defects per Unit을 사용하였다. Total Defects의 의미는 사무 간접 부문의 DPMO 적용에 영향을 미치게 된다. 1987에는 Mikel Harry에 의해 6시그마 프로젝트를 수행하기 위한 구체적 절차와 방법론 등이 정리된다. 이후 1997년까지의 약 110억불의 비용절감 효과를 달성하였다.

- GE, AlliedSignal 등에서 폭넓게 적용되면서 상당한 성과를 보였다. GE의 경우에 1997년부터 3억불의 이익을 기록하기 시작하였으며 이후 2년간은 무려 30억불의 이익을 달성하여 6시그마 프로젝트의 전성기를 이끌게 되었다. GE는 자사보다 높은 경영성과를 보이며 그 수준을 10년간 지속한 200개 기업을 선정하고 이를 다시 10개사를 압축하고 벤치마킹의 대상으로 삼았다. 이들 기업을 순차적이며 반복적으로 방문하여 practice 중심의 자료를 확보하였다. 이를 바탕으로 주로 금융 분야에 대한 6시그마 프로젝트를 대대적으로 실행하였다.
- AlliedSignal은 1997년에 8억불의 비용절감을 기록하고 주식가치가 150% 급등하는 성과를 보였다. 특히 QIS라는 독특한 품질관리시스템을 활용하여 고객단계에서 수입검사단계에 이르기까지 폭넓은 6시그마 프로젝트를 실행하였다. 이러한 전개과정을 간단히 기록하면 다음과 같다.

[표 1-5] 6시그마 프로젝트의 도입

도입연도	기업	실행자	전개과정
1987	Motorola	Mikel Harry	반도체 제조부분 중심 MAIC 절차 정립
1988	TI	-	세계적 보급의 계기
1993	ABB	-	유럽으로의 확산 유도
1994	AlliedSignal	래리 보시디	DMAIC정립
1995	GE	잭 웰치	사무간접부분으로 확대 6시그마 프로젝트 확산에의 기폭제
1997	삼성전관	-	국내에의 최초 도입

초기 국내 6시그마 프로젝트 전개활동

• 삼성전관이 1997년 도입한 이후에 상당수의 기업에서 6시그마 프로젝트가 전개되고 있다. 국내 다수기업에서 본격적으로 실행된 것은 기존의 품질경영 시스템 혹은 프로그램과 미세하지만 근본적인 차이가 있었기 때문이다. 무엇보다도 6시그마 수준이라는 품질기준을 달성하기 위한 체계화된 관리과정 방법을 제공하고 있다는 것이 차이점이라고 할 수 있다. 기존의 품질경영 활동인 TQM이나 TQC, 100PPM 운동과는 이러한 부분에서 큰 차이점을 가진다. 특히 국내에서 가장 폭넓게 전개된 ISO9000과의 차이점은 [표 1-6]과 같다.

[표 1-6] ISO/QS 9000와 6시그마 프로젝트간의 차이

구분	ISO/QS 9000	6시그마 프로젝트
성격	현재 실행하고 있는 공정 활동에 대하여 실행 절차를 문서화를 필수적으로 요구	생산활동에서의 변동을 줄임으로써 공정향상의 수준을 평가
사용도구 및 기법	공정의 문서화 과정을 다루고 있어 요구되는 기법은 없음.	DMAIC 각 단계에서 주로 사용하는 기법이 정해져 있음.
특징	평가를 위한 성과의 체계가 미약	성과, 특히 원가의 감소에 대한 확실한 기준을 중요시 여김.

[표 1-7] TQM과 6시그마 프로젝트간의 차이점

구분	TQM	6시그마 프로젝트
의사결정 방향	상향식	하향식
목표의 성격	정성적	정량적
실행범위	개선이 필요한 부분	사업부의 전반
활동기간	정해진 기일이 없음	3개월 전후가 보편적
전문자격제도	없음	벨트제도 운용
사용 도구	QC도구와 통계적 접급법	확대된 통계적 접근법과 분석법

- 삼성전관의 경우에 1996년 10월경에 처음 프로젝트를 시작하였으며, 시행 첫해에 국내사업장에서만 1천5백억 원 이상의 원가를 절감한 것으로 보고되었다. 모든 사원들이 일정 부분 프로젝트에 참여를 하고 있으며 업무 프로세스 개선을 위한 다양한 시도들을 전개하였다. 삼성그룹 내에서 삼성전관에 이어 삼성전기도 6시그마 프로젝트를 이후에 시작하였다. 1999년부터 시작된 프로젝트는 해외현지법인들에도 폭넓게 적용하고 있다. 이후 계열사뿐만 아니라 협력업체에 대하여 6시그마 전문가 양성교육을 지원하고 있다.
- 삼성그룹과 같이 현대자동차 그룹의 경우에도 6시그마 프로그램을 수행하고 있으며, 특히 제조 현장의 품질담당 부문을 중심으로 전개하고 있고 수출차종을 품질수준이 기업 경쟁력에 미치는 영향력을 고려하여 실행 폭을 넓히고 있다. 마지막으로 LG그룹은 LG 전자의 가전사업부를 중심으로 품질혁신뿐만 아니라 사업의 핵심역량을 강화시키는 목적으로 전개를 하고 있다. 주로 GE에서 추진된 전자분야의 6시그마 프로젝트 사례를 중심으로 벤치마킹을 하고 있으며 제조와 함께 신제품 개발 분야에 6시그마 프로젝트를 집중하고 있다.

결함의 의미

- 결함(defect)은 고객의 불만족을 야기하거나 고객 요구사항에 적합하지 않은 산

출을 의미한다. 따라서 결함은 통상적으로 고객의 입장에서 평가되어져야 하는 생산자의 결과물이다. 이러한 결함은 통상적으로 품질관리에서 사용되어진 불량과는 차이를 가진다.

[그림 1-1] 식스시그마 활동의 기본적 요소

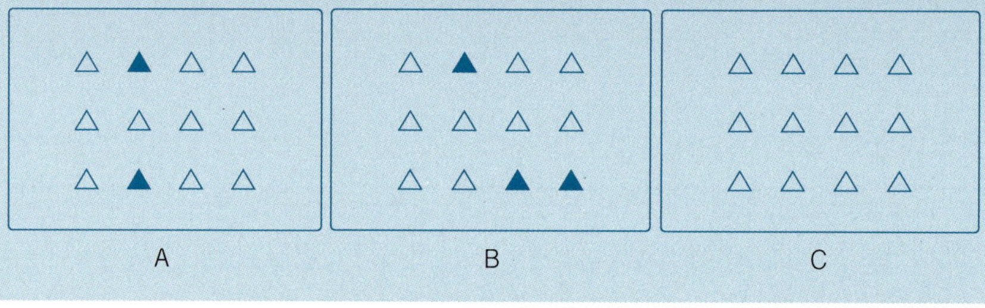

- 여기에서 ▲은 결함을 의미한다. 동일한 공정을 거친 산출물 A, B, C를 중심으로 불량과 결함간의 관계를 파악한다. C는 결함이 없는 부품으로 판단된다. A와 B는 구성부품의 일부가 결함을 보이고 있는 불량품이다. 통상적 불량수준으로는 67%의 불량수준을 보인다고 평가된다. 그러나 6시그마 프로젝트에서는 결함이라는 측정단위를 사용하고 있어 불량수준으로 판단하지 않고 있다. 즉 동일한 불량이라고 하더라도 결함수준에 따라서 차이를 구분하고 있는 것이다. 가장 폭넓게 사용되고 있는 품질수준은 DPU이다. DPU는 생산단위별 평균 결함 수를 의미한다.

$$DPU = \frac{\text{총 결함수}}{\text{총 생산단위}}$$

- 총 5개의 결함이 있으며 생산단위는 3개 이므로 1.67의 DPU수준을 보이고 있다. DPU는 각 공정별로 측정되며 여러 개의 공정이 있는 경우에 가장 높은 수준의 DPU가 최종 산출물의 품질수준 결정에 가장 중요하며 심각한 문제를 야기할 수 있는 공정으로 판단된다.

- DPU는 결함수의 상대적 비율을 고려하고 있지 않고 단지 결함수로만 판단하는 한계를 가진다. 따라서 이러한 한계를 극복하기 위해 DPMO(defects per million opportunities)라는 개념을 사용하게 된다. 앞에서 A는 12개의 구성부품에서 2개가 결함인데 DPU에서는 120개의 구성부품에서 2개가 결함이라고 하여도 동일한 DPU가 계산되는 한계가 있는 것이다.

$$DPMO = \frac{DPU}{\text{생산 한 단위에 대한 결함발생 가능부분 수}} \times 1{,}000{,}000$$

- 앞의 예를 기준으로 DPMO는 이 $\frac{1.67}{12} \times 1{,}000{,}000$ 되어 139.17이 된다. DPMO는 제조분야보다는 주로 사무간접 분야와 제품설계 분야의 결함수준을 평가하는데 활용되고 있으며 제조분야에서의 ppm과 동일한 측정단위로 고려된다. 이러한 DPMO는 시그마 수준으로 변환하여 타 공정과 생산 현장과의 비교분석에 활용된다.

누적수율(RTY)

- 누적수율(Rolled Throughput Yield)은 하나의 산출물을 완성하기 위해 여러 개의 공정이 이루어진 경우에 각 공정 수율을 반영한 전체 공정의 최종 수율 수준을 의미한다. 예를 들어 A, B, C, D 4개의 공정으로 이루어진 경우에 각 공정의 수율이 85%라고 한다면 누적수율은 $0.85 \times 0.85 \times 0.85 \times 0.85$가 되어 0.522가 최종 누적수율이 된다. 누적수율이 생산 완성품 품질수준을 평가하는데 6시그마 프로젝트에서 중요하게 고려되는 것은 최종 공정에서의 수율만으로 공정 품질수준을 평가하지 않는다는 점 때문이다. 최종 공정만으로 수율을 평가한다면 D 공정의 수율인 85%로 전체 완성품의 수율을 평가하는 한계를 가진다.
- 품질특성 평가자료가 이산치인 경우에 결함수의 확률계산은 포아송 분포를 활용하게 되고 따라서 상품 한 단위의 결함수가 X개라고 한다면 포아송 분포를 이용하여 그 확률을 다음과 같이 계산한다.

$$p(X) = \frac{(DPU)^X \times e^{-DPU}}{X!}$$

따라서 앞의 예에서처럼 DPU가 1.67이면 이 경우에 결함수가 0일 확률은 $\frac{(1.67)^0 e^{-DPU}}{0!}$ 이 되고 0.19 정도의 확률을 계산할 수 있다.

다양한 특성이 반영된 경우의 품질수준

- 단일 완성품의 품질수준이 다양한 특성을 바탕으로 평가된다면 앞에서 살핀 것처럼, 하나의 기준으로 DPU 등을 계산하는 것에 비하여 복잡한 평가절차를 필요로 한다. 통합품질수준의 작성 예는 다음과 같다.

[표 1-9] 각 품질특성별 결함수준

품질특성	결함수	단위	단위당 기회	총기회수	DPU	DPMO
특성치 1	8	300	30	9000	0.027	888.9
특성치 2	9	500	30	15000	0.018	600
특성치 3	7	100	10	1000	0.07	7,000
통합	24			25,000		960

여기에서 총기회수는 단위당 기회수준에 산출 단위를 곱하여 계산된다. DPU는 결함수를 산출단위를 기준으로 나누어 계산되며 DPMO는 결함수를 총기회수를 기준으로 나누어 백만 회수를 곱한 값이다.
이렇게 다양한 기준으로 품질특성이 평가되는 경우에 통합 품질수준을 계산하기 위해 통합수준으로 평가한다. 따라서 DPMO는 960으로 계산된다.

시그마 수준의 계산

- 품질수준을 시그마 수준으로 환산하기 위해 필요한 절차에서 가장 중요한 것은 측정되어지는 품질특성치가 계수치인가 아니면 계량치인가를 판단하는

것이다. 품질 특성치가 계수치인 경우에는 앞에서와 같이 수율을 계산하여 정규분포를 고려해 시그마 수준을 계산한다.

- DPU를 시그마 수준으로 변환하기 위해서는 정규분포 확률값을 계산하여 평가한다.
  - DPU가 0.01이라고 한다면, 합격 판정확률인 누적수율 y는 e^{-DPU}로 계산되어 0.9900이 된다 0.9900의 Z값은 대략 2.33이 되며 이를 시그마 수준으로 활용하게 된다. 다만 이 수준은 장기간에 걸쳐 수집, 평가된 품질수준을 의미하고 있어 단기간의 시그마 수준으로 변환하기 위해서는 1.5를 추가하여 3.83 시그마 수준으로 평가한다.
- 사무간접 부문의 경우에는 DPO를 사용하고 있어 약간의 차이를 가진다. 결함발생 가능기회가 5가지이며 총기회의 수가 3,000인 경우에 100번의 기회를 검사하여 결과적으로 총 10번의 결함이 발생한 경우에 시그마 수준을 계산한다. 여기에서 DPO는 10/100으로 0.1이 된다. 참고로 DPU는 DPO×결함 발생 가능 기회를 이용하여 0.5가 된다. 따라서 누적수율(y)은 0.6065가 되고 Z는 0.28이 된다. 따라서 단기간의 시그마 수준은 1.78 시그마가 된다.

[표 1-10] 시그마 수준과 불량률 수율간의 관계

불량률(ppm)	수율	시그마 수준
308,770	69.12%	2σ
66,811	93.31%	3σ
6,210	99.37%	4σ
233	99.97%	5σ
3.4	99.99%	6σ

- 통상적인 불량률이 사용되는 경우에는 이항분포에서 사용하는 불량률 p를 활용하게 된다. 이 경우에 공정상의 수율을 $1-p$로 보아 시그마 수준을 수율에 대한 표준화 계수 Z를 이용해 시그마 수준으로 산정된다. 물론 단기적 품

질수준을 계산하기 위해서는 계산된 수준에 1.5를 더해서 계산하게 된다. 예를 들어 불량률이 5%인 경우에 수율은 95% 수준이 되는 것이고 이때 시그마 수준은 1.65+1.5=3.15가 된다.

- 수율을 바탕으로 시그마 산정하는 방법은 기존의 불량률을 바탕으로 시그마 수준으로 변환하는 것과 동일한 방법으로 실행된다. 예를 들어 4개 각 공정의 수율이 0.90인 경우에 누적수율은 $(0.90)^4$으로 65.6%가 된다. 따라서 표준정규분포표를 바탕으로 Z=0.40으로 파악되고 0.40+1.5가 되어 1.9 시그마 수준으로 변환된다. 따라서 최종 공정에서의 수율만으로 시그마 수준을 산정하는 것은 오류가 나타나고 모든 공정의 수율을 반영하는 누적수율을 바탕으로 시그마 수준을 파악해야 한다.

5 6시그마 프로젝트 추진단계별 개요

Define 단계

- 6시그마 프로젝트의 실행 범위를 파악하는 단계로 고객의 요구사항을 구체적으로 설정하고 개선 대상이 되는 프로세스를 선정한다.
  - 사용되는 도구: 프로세스 맵핑, QFD, Run 차트, 브레인스토밍 등
  - 수행 활동: 프로젝트 선정, 문제의 파악과 원인분석, 프로젝트의 범위 확정, 추진일정 수립, 프로세스의 파악이 이루어진다. Define 단계에서 많은 결함 중에서 소수의 중요한 일부 요소가 전체 경영성과를 좌우하게 된다. 이를 vital few라고 한다. 따라서 이 단계에서 개선 대상인 프로세스는 vital few가 그 대상이 되어야 한다.

Measure 단계

- CTQ(Critical to Quality)에 영향을 주는 것으로 판단되는 중요한 요소를 파악하고 CTQ 수준과 함께 결함의 수준을 측정한다.
  - 사용되는 도구: CTQ 확인을 위한 조사활동, 성과지표 산정, Gage R&R, Cp, Cpk 분석, 누적산율관리, 프로세스 매핑
  - 수행 활동: 고객의 입장에서 완성 품질에 영향을 미치는 중요요소를 파악하고 조업시간 측정, 고객요구수준 파악, 품질수준 파악(시그마 수준 파악), 수율 파악이 이루어진다. 이 단계에서 개선대상을 설정하고 개선 수준과 개선 일정에 대한 의사결정을 수행한다. 그리고 획득한 자료를 바탕으로 누적된 정보

자료로 활용하며 향후에 활용하기 위해 폭넓은 통계기법이 활용된다.

Analysis 단계

- 결함과 불량의 원인을 파악하는 단계이다. 변동 요인 중에서 이상요인이 있는지 파악한다. 후보 요인에 대한 특성을 파악하고 변동의 있는지와 변동의 수준을 평가한다. 이 단계에서도 추가적인 자료의 수집은 지속적으로 이루어진다. 공정능력을 파악하여 목표대비 공정 수준을 검토하게 된다.
  - 사용되는 도구: 특성요인도, 상관관계도, 회귀분석, 다변량분석, 브레인스토밍, 그래프 분석, Logic tree.
  - 수행활동: vital few가 도출되고 이를 수식으로 표현하여 $Y=f(X)$로 표현한다. 그리고 실현가능한 목표를 수립하고 전반적 개선방향을 정하게 된다. 이 단계에서의 결과는 control 단계의 입력물이 된다.

Improvement 단계

- 개선활동을 수행하기 위한 주요변수를 결정하고 CTQ 수준에 미치는 영향수준을 파악한다. 실험계획법을 실시하여 실험결과를 바탕으로 최적 대안을 산정한다.
  - 사용되는 도구: 실험계획법, 다구찌 기법, 반응표면분석, 벤치마킹, 가설검정, 분산분석 등
  - 수행활동: vital few의 필요성을 파악하고 프로세스의 재설계 여부, 결함의 근본원인 파악, 베스트 프렉티스와의 비교, 개선결과의 최종성과에 대한 영향력 파악이 이루어진다.

Control 단계

- 대안을 실제 프로세스에 적용하여 안정적으로 개선결과가 나타날 수 있도록 통제하는 단계이다. 6시그마에 의한 경영품질활동이 종래의 개선활동과는 다

른 것이 대안의 제시와 함께 안정적 피드백을 수행하는 것이다.

- 사용되는 도구: 관리도, FMEA, Fool Proofing 등
- 수행활동: 개선된 상태가 유지되고 개선된 성과가 지속적으로 나타날 수 있도록 관리 활동이 이루어진다. 근본적인 결함 원인의 제거, 관리 이탈에 대한 경고, 리콜, 새로운 방법에 대한 교육활동, 매뉴얼의 정비, 보고서의 작성, 성과의 지속적 피드백이 이루어진다.

6시그마 도입으로 TV · 냉장고 · 에어컨 분야 등

신현만 | 커리어케리어 대표

○ 스마트폰 부진으로 어려움에 처한 LG전자가 2000년대 초·중반 이 회사의 고도성장을 이끌었던 다양한 혁신방식을 다시 추진한다. '6시그마'와 '현장경영'을 4년만에 다시 도입하고 팀워크를 중시하는 조직문화도 재정립해 나가기로 했다.

LG전자에 따르면 구본준 부회장은 취임 직후 계열사 사업장을 순회하며 경영혁신기법인 '6시그마'를 새롭게 적용할 것을 지시했다. 6시그마는 1996년 LG전자에 도입되면서 TV·냉장고·에어컨 분야 등을 시장점유율 세계 1~2위로 끌어올리는 데 결정적인 역할을 했다.

하지만 2007년 1월 '6시그마 전도사'로 불리던 김쌍수 부회장이 물러나고 남용 부회장(지난 9월 퇴임)이 새 대표에 취임하면서 전담부서를 폐지해 유명무실해졌다. 지금은 창원공장 내 일부 라인을 제외하고는 활동이 거의 중단된 상태다.

6시그마를 생산뿐 아니라 제품 개발 단계에도 적용해 애플의 '아이폰'과 같은 혁신적 IT 제품을 출시할 수 있도록 만들겠다는 게 구 부회장의 생각이라고 LG전자 측은 설명했다. 구 부회장은 또 남 전 부회장이 LG전자 대표로 취임하면서부터 형성된 매킨지 등 외부 컨설팅업체들과의 밀월관계도 청산할 것을 지시했다. 남 전 부회장이 조직 구성원보다 업계 이해도가 떨어지는 외부 컨설팅 업체들의 판단에 의존하면서 위기가 시작됐다는 게 구 부회장의 판단이다. 실제로 LG전자가 스마트폰 대처가 늦어지면서 어려움에 빠지게 된 것도 애플 '아이폰'의 위력을 간과했던 매킨지 등 외부 컨설팅업체의 보고서가 큰 영향을 미쳤다는 게 업계의 전언이다. 이에 따라 LG전자는 앞으로 외부 컨설팅업체에 대한 자문 의뢰를 최소화하고 장기적으로 사내 컨설팅 조직이 전반적인 회사 정책을 조언할 수 있는 구조로 바꿔가기로 했다.

이밖에 구 부회장은 5명의 사업본부장에게 현장경영을 더욱 강화할 것도 주문했다. 서울 여의도 본사보다는 사업장 등 현장을 출퇴근하며 조직내 의견을 충분히 수렴할 것을 강조했다. 이와 맞물려 현장의 아이디어가 제품 출시로까지 빠른 속도로 진행되도록 조직 개편안을 마련할 것도 요청한 것으로 전해졌다. LG전자의 한 임원은 "LG전자의 모든 것이 남 전 부회장 이전으로 돌아간다고 보면 된다."고 설명했다.

구 부회장이 연말 정기 인사를 앞두고 이처럼 다양한 혁신을 주문한 것은 3분기부터 적자전환이 확실시되는 등 위기가 가시화되면서 좀 더 시급히 해법을 찾아내겠다는 의도로 풀이된다. 취임 직후부터 현장 혁신을 통한 생산성 극대화와 조직 내 팀워크를 중시하는 'LG 스타일'을 강조하는 것도 이같은 구 부

시장점유율 세계 1~2위

부회장의 생각이 담겨있다고 LG전자는 밝혔다. 현장에서도 대체로 구 부회장의 혁신 풍토를 반기는 분위기다. 새로운 시도를 통해 2000년대 초·중반 LG전자가 거뒀던 비약적 성장을 다시 한 번 재현할 수 있지 않겠냐는 기대감에서다.

LG전자 창원공장의 관계자는 "현장근로자의 입장에서 볼 때 6시그마를 실행하는 것은 굉장히 번거롭고 힘든 일"이라면서도 "그래도 6시그마를 통해 기적적인 성공을 경험했던 터라 이를 재도입하는 것을 긍정적으로 평가하는 이들이 많다."고 설명했다.

서울신문 2010.10.12

류지영 기자 superryu@seoul.co.kr

Chapter 2

6시그마 프로젝트 수행을 위한 기초 통계

1 6시그마 프로젝트에서의 통계 필요성

통계적 사고의 의미

- 통계적 사고(statistical thinking)는 6시그마 프로젝트를 성공적으로 수행하기 위한 토대가 된다. 통상적으로 활용되는 통계 수준은 고급 통계보다는 기본적 원리와 도구에 초점을 두고 있으며 이론적 학습보다는 실무적 실행에 비중을 높게 둔다.
- 통상적으로 통계적 사고는 ①모든 과제는 다수의 공정으로 구성되며, ②각 공정에는 반드시 변동이 발생할 수 있으며, ③변동을 줄이는 것이 최선이라는 의식을 포괄적으로 포함한다.

통계의 의미

통계는 자료를 수집, 정리, 요약, 분석하고 해석, 추정, 예측하는 일체의 활동과 과정을 의미한다. 통계의 종류는 기술 통계와 추론 통계로 나누어진다.

통계적 분석과정

A. 기술통계(descriptive statistics)

- 수집된 자료의 전체를 대상으로 현상과 상황에 대한 이해를 위해 수행된다. 따라서 그 결과는 표나 그래프의 형태로 나타나게 되며 간략하면서도 의미 있는 정보를 창출하게 된다.

B. 추론통계(inferential statistics)

- 눈으로 확인되는 부분을 바탕으로 전체를 추정하는데 목적을 둔다.
- 현상에 대한 원인을 설명(explanation)하는데 목적을 둔다.

C. 모수와 통계량 / 모집단과 표본

- 모집단(population): 모든 개체의 집합
- 모수(parameter): 모집단의 특성을 나타내는 수로 추정의 대상이 된다.
- 표본(sample): 모집단에서 추출된 관측치의 집합 / 표본조사
- 통계량(statistics): 표본의 특성으로 통산 표본을 생략하고 통계량이라는 용어를 사용한다.
- 표본조사의 필요성
  - 시간의 신속성
  - 비용의 경제성
  - 측정 영역을 설정할 수 있어 세밀한 조사가 가능
  - 전수조사가 불가능한 경우가 있기 때문이다.
    가. 모집단이 무수히 많은 경우
    나. 모집단의 정확한 파악이 불가능한 경우
    다. 파괴조사(destruction of objects)가 이루어져야만 하는 경우
  - 표본의 모집단에 대한 대표성을 위해 무작위 추출이 통상적으로 이루어지고 있다.

D. 품질변동의 원인

- 무작위적 변동: 온도나 습도, 원재료 등 운영관리자가 통제할 수 없는 일반적인 이유로 인한 품질의 변동
- 수정 가능한 변동: 기계의 마모, 부정확한 기계설정, 저급원료 등 눈에 띄는 원인으로 야기된 변동
  - 관리 가능한 변동원인에 대하여 공정의 이상이 발생하였다고 보고 이에 대한 대처가 품질관리의 요체라고 할 수 있다.

E. 신뢰구간과 신뢰수준

- 전개과정: 모집단에서 무작위 추출된 n개의 표본을 바탕으로 표본의 평균값을 계산하면 이들의 분포는 모집단의 형태에 관계없이 중심극한정리에 의하여 평균이 μ이고 표준오차가 $\frac{\sigma}{\sqrt{n}}$인 정규분포가 된다.
- 반복적으로 많은 표본을 만들어 표본분포를 만들지 않고 일부 수집된 표본을 바탕으로 혹은 하나의 표본에서 얻은 표본평균($\overline{X}$)은 평균이 μ이고 표준오차가 $\frac{\sigma}{\sqrt{n}}$인 정규분포에서의 결과이므로 모집단평균(μ)의 위치를 중심극한정리를 통해 파악할 수 있게 된다. 이러한 과정을 통해 $\overline{X}$가 $(\mu \pm 2s_{\overline{X}})$의 범위에 속할 확률은 약 95%이고, μ가$(\overline{X} \pm 2s_{\overline{X}})$의 범위에 속할 확률은 약 95%이다. 신뢰구간은 $\overline{X}$를 이용하여 계산되고 이때의 신뢰구간 내에는 모수인 μ가 포함될 수도 있고 그렇지 않을 수도 있다. 여기에서 모수가 포함되지 않을 확률을 오차수준이라고 하며 α로 표시한다. 그 반대의 확률은 신뢰수준이 되고 $1-\alpha$로 표시한다.

2 기초통계이론

기술통계량

A. 산술평균

- N개의 관측치 $X_1, X_2, \cdots, X_N$의 산술평균

$$\text{산술평균}\ \overline{X} = \frac{1}{N}(X_1 + X_2 + \cdots + X_N) = \frac{1}{N}\sum_{i=1}^{N} X_i = \frac{1}{N}\sum X$$

위의 계산공식에 있는 "Σ"는 합산기호이다.

B. 기하평균

- N개의 관측치 $X_1, X_2, \cdots, X_N$의 기하평균(geometric mean)은 $M_g = (X_1 \times X_2 \times \cdots\cdots \times X_N)^{1/N}$로 계산되며 $\log M_g = \frac{1}{N}\sum \log X_i$로 전개된다.
- 자료에 비정상적으로 큰 값이 포함되어 있을 때, 기하평균은 이 값의 영향을 줄여주어 중심 경향치로 좋은 값을 제공해 주지만 측정값에 0 또는 음수가 포함되면 기하평균을 계산할 수 없다.

C. 중앙치

중앙치(median)는 측정치의 분포가 일정하지 않은 경우나 서수자료에 대한 중심 경향치로 많이 사용되고 있다. 그 의미는 모든 관측치를 크기의 순서대로 나열했을 때 중앙에 위치하는 측정값을 의미한다.

$$\text{중앙치}\ M_d = X_{\frac{N+1}{2}},\ \text{N가 홀수일때,}$$

$$\frac{1}{2}(X_{\frac{n}{2}} + X_{\frac{N}{2}+1}),\ \text{N가 짝수일때}$$

D. 분산

- 평균과 각 측정값 간의 차이를 제곱하여 그 합을 계산한 다음 전체 측정치의 수로 나누어 계산된다. 분산에 $\sqrt{\ }$를 취해 표준편차를 구하게 된다.

$$s^2 = \frac{1}{N}\sum_{i=1}^{N}(X_i - \overline{X})^2,\ \overline{\mathrm{X}} = \frac{1}{\mathrm{N}}\sum \mathrm{X_i}$$

E. 변동계수

- 변동계수(coefficient of variation)는 표준편차계수 또는 변이계수라고도 부른다.

$$CV = \frac{s}{\overline{X}}$$

확률 분포

A. 확률변수(random variable)는 모집단을 표현하고 그 특성을 설명하는 하나의 특성으로, 두 개 이상의 사건 혹은 측정값 유형을 가질 수 있는 임의의 발생 사건을 의미한다.

B. 확률모형에서 기댓값은 확률적 자료의 집중경향을 나타내는 통계치를 의미한다.

$$\begin{aligned} E(ax+b) &= \sum(ax_i+b)f(x_i) \\ &= \sum ax_i f(x_i) + \sum bf(x_i) \\ &= aE(x)+b \\ V(ax+b) &= \sum[\mathrm{ax_i} + \mathrm{b} - \mathrm{aE(x)} - \mathrm{b}]^2 \mathrm{f(x_i)} \\ &= a^2\sum[\mathrm{x,} - \mathrm{E(x)}]^2 \mathrm{f(x_i)} \\ &= a^2 V(x) \end{aligned}$$

C. 이항분포

- 발생 가능한 모든 경우가 두 가지 사건중에 하나이며 이 중에서 특정 사건이 발생한 빈도의 비율이나 백분율은 이항분포를 따른다고 본다.
- 이항분포는 n번의 베르누이 시행 중 특정 횟수 나타날 확률 분포를 의미한다.

- 이항분포는 p가 0.5일 때, np에 대하여 대칭이 된다.
- 근사치를 설정함에 있어, $np \geq 5$일 때 정규분포에 근사한 것으로 알려져 있다.
- p가 0.1보다 작거나 같은 경우에 $n \geq 50$일 때는 포아송 분포에 근사한다.

D. 이항확률

$$_nC_k p^k (1-p)^{n-k} = \frac{n!}{(n-k)!k!} p^k (1-p)^{n-k}$$

$n =$ 시행회수

$p =$ 특정사상 발생 확률

$k =$ 성공회수

E. 초기하분포

- 모집단의 크기가 유한하고 실험을 수행하는 과정에서 모집단의 크기가 줄어든다면, 즉 비복원추출이 지속적으로 이루어진다면 이항분포는 적합한 모형이 아니다. 이러한 경우에는 초기하분포로 정의되는 분포함수를 이용해야 한다.

$$P(x=k) = \frac{({}_RC_k)({}_{N-R}C_{n-x})}{({}_NC_n)}$$

- 초기하분포의 평균과 분산

$$\text{평균} = n\left(\frac{R}{N}\right)$$

$$\text{분산} = n\left(\frac{R}{N}\right)\left(1-\frac{R}{N}\right)\left(\frac{N-n}{N-1}\right)$$

F. 포아송 분포

- 포아송 분포(Poisson distribution)는 주로 단위시간, 면적을 대상으로 두 가지 사건 중 한 사건이 일어날 수 있는 확률사건을 나타내는 데 이용된다.
- X가 n값을 가질 확률은 다음과 같이 정의한다.

$$P(X=n) = \frac{e^{-np}(np)^n}{n!}, \quad n = 0, 1, 2, \cdots.$$

- 포아송 분포에서의 평균과 분산은 동일하며 λ로 나타내며 np가 된다.

G. 정규분포

- 정규분포의 특성은 다음과 같다.
  ① 정규확률분포는 좌우대칭이며 확률곡선 상에서 평균치와 최빈치는 동일점에 위치한다.
  ② 연속확률분포에서의 전체면적은 100%이다.
  ③ 곡선은 횡축은 무한대까지 이어진다.
  ④ 정규분포곡선은 평균과 표준편차에 의해 분포가 결정된다.
- 평균이 μ이고 표준편차가 σ인 정규확률함수는 다음과 같이 나타낸다.

$$f(x) = \frac{1}{\sigma\sqrt{2\pi}}e^{-\frac{1}{2}\left(\frac{x-\mu}{\sigma}\right)^2}$$

- 정규확률분포에서의 확률계산은 정규분포곡선과 횡축 사이의 면적으로 측정되어 정적분에 의해 계산된다.

표준정규분포

[그림 1-1] 식스시그마 활동의 기본적 요소

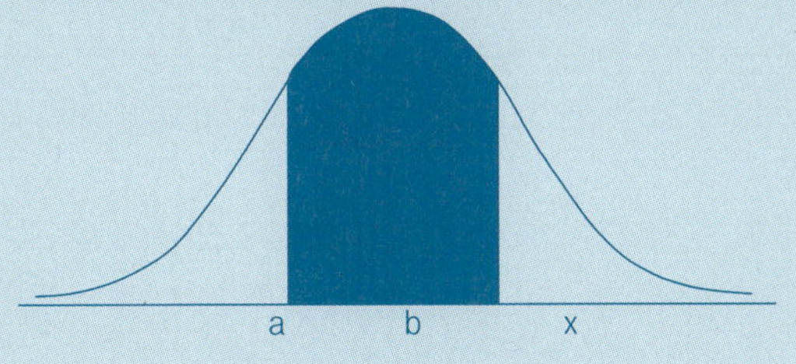

$$p(a \leqq x \leqq b) = \int_a^b f(x)dx$$

- 실제 계산에서는 Z값이라 부르는 표준 확률분포표를 이용하게 된다.
- Z값은 평균치(Z=0)로부터 표준편차의 몇 배만큼 떨어져 있는가를 나타내는 값이다. 보통은 '표준화'라고 개념으로 활용된다.

$$z값 = \frac{확률변수값 - 평균}{표준편차} = \frac{x-\mu}{\sigma}$$

- 표준정규분포곡선은 Z값에 대한 확률을 나타내는 곡선으로 평균이 0이고, 표준편차가 1인 정규분포곡선이 된다.

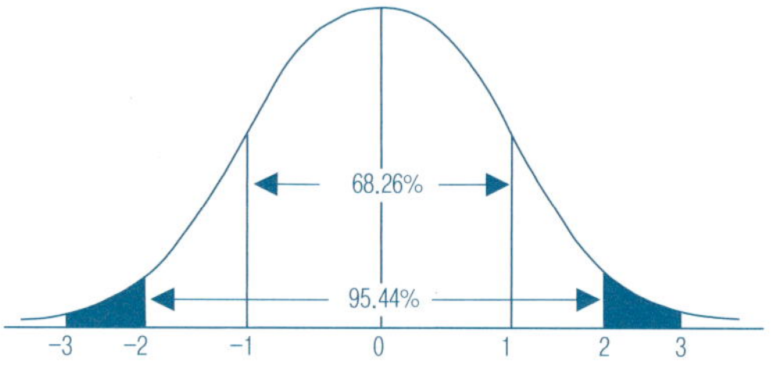

표준정규분포곡선

Z값	0과 Z값 사이의 면적 (p(z))
0.5	19.15%
1.00	34.13%
1.50	43.32%
1.60	44.52%
1.64	44.95%
1.96	47.50%
2.00	47.72%
2.33	49.00%
2.50	49.38%
2.58	49.5 %

- 중심극한정리
  - 평균이 μ 이고, 표준편차가 σ 인 임의의 모집단에서 크기가 n인 표본을 모두 취하면, 표본평균 $\bar{X}$는 n이 커짐에 따라 평균이 μ 이고 표준편차가 $\frac{\sigma}{\sqrt{n}}$ 인 정규분포에 가까워진다.
- 표본분포(정규분포)의 형태
  - 표본의 크기(n)가 클수록 표준오차는 감소하게 된다.
  - 모집단이 정규분표라면, 표본의 크기에 상관없이 평균이 μ이고 표준오차가 $\frac{\sigma}{\sqrt{n}}$ 인 정규분포가 된다.

- 표본의 크기가 크면, 모집단 분포 속성에 관계없이 표본평균은 정규분포를 이루게 된다.
- 표준오차는 모집단 표준편차를 n의 제곱근으로 나눈 값이므로 n이 커지면 표준오차는 작아지게 된다.

추정

- 추정에는 점추정과 구간추정이 있다.
- 점추정은 단일 모수값을 구하고자 하는 노력으로 표준오차가 발생할 수밖에 표본 추정을 고려한다면 모수와의 차이는 발생할 수밖에 없다. 따라서 정확성면에서 권장되지 않는다.
- 구간추정은 모수가 포함될 것으로 보이는 구간을 통계적으로 설정하는 과정이다. 따라서 구간추정은 신뢰구간을 구하는 것과 동일한 의미를 가진다.

A. 원리

- 모집단에서 무작위적으로 n개의 표본(30개 이상을 권고)을 선택하여 각 표본집단의 평균값을 계산하면 이들의 분포는 모집단의 형태에 관계없이 중심극한정리에 의하여 평균이 μ이고 표준오차가 $\frac{\sigma}{\sqrt{n}}$인 정규분포가 된다.
- 따라서 하나의 표본에서 얻은 표본평균($\overline{X}$)은 평균이 μ이고 표준오차가 $\frac{\sigma}{\sqrt{n}}$인 정규분포 상에서의 하나이므로 모집단평균의 위치를 대체적으로 파악할 수 있다.
  ※ 측정된 단일의 표본평균($\overline{X}$)은 μ와 일치하지 않으며 이때 오차가 발생하게 된다. 이러한 추정오차는 표본평균과 모평균과의 기하학적 거리가 된다.

B. 모집단 평균의 신뢰구간

- 모집단 모수에 대한 신뢰구간 추정은 σ를 알고 있는 경우와 모르는 경우로 구분하여 설정하게 되다.

- 모집단 표준편차를 아는 경우

$$\overline{X} \sim N(\mu, \frac{\sigma^2}{\sqrt{n}})$$

- 신뢰수준 $(1-\alpha)$의 양측신뢰구간

$$\overline{X} - z_{\frac{\alpha}{2}} \frac{\sigma}{\sqrt{n}} < \mu < \overline{X} + z_{\frac{\alpha}{2}} \frac{\sigma}{\sqrt{n}}$$

- 신뢰수준 $(1-\alpha)$의 단측신뢰구간

$$\mu > \overline{X} - z_{\alpha} \frac{\sigma}{\sqrt{n}} \quad \text{or} \quad \mu < \overline{X} + z_{\alpha} \frac{\sigma}{\sqrt{n}}$$

- 모집단 표준편차를 모르는 경우
  - σ를 모르기 때문에 표본자료를 이용하여 모집단 표준편차를 추정하게 된다.
  - σ^2의 불편추정량은 표본표준편차의 제곱인 $s^2 = \frac{\sum(x-\overline{x})^2}{n-1}$
  - $t = \frac{\overline{x}-\mu}{\frac{s}{\sqrt{n}}}$ 이며 t 통계량은 자유도 (n-1)의 t-분포를 보이게 된다.
  - 신뢰수준 $(1-\alpha)$의 양측신뢰구간

$$\overline{X} - t_{\frac{\alpha}{2}} \frac{s}{\sqrt{n}} < \mu < \overline{X} + t_{\frac{\alpha}{2}} \frac{s}{\sqrt{n}}$$

  - 신뢰수준 $(1-\alpha)$의 단측신뢰구간

$$\mu > \overline{X} - t_{\alpha} \frac{s}{\sqrt{n}} \quad \text{or} \quad \mu < \overline{X} + t_{\alpha} \frac{s}{\sqrt{n}}$$

- 오차한계를 고려한 표본의 크기
  - 오차한계 : $z_{\frac{\alpha}{2}} \frac{s}{\sqrt{n}}$ or $t_{\frac{\alpha}{2}} \frac{s}{\sqrt{n}}$
  - 오차한계를 줄이기 위해 $z_{\frac{\alpha}{2}}$를 작게 하려면, 분포의 우측 면적인 α가 커져야 하고, 따라서 신뢰수준$(1-\alpha)$은 낮아지게 된다.

검정

- 가설은 확인(검정)되지 않은 개인적 주장을 의미하며 가설검정은 주장에 대한 수용이나 기각 결정으로써 수단은 통계적, 비통계적 방법이 함께 이용되고 있다.

• 의사결정에서의 판단 오류(risk)
  - 가설검정은 표본을 바탕으로 검정을 내리게 되고 증명이 불가능하기 때문에, 가설검정을 통하여 타당한 것으로 선택된 가설도 실제와는 차이를 보일 수 있다.

[표 2-1] 가설검정의 오류

표본통계량에 의한 의사결정	모집단 특성	
	귀무가설의 주장이 맞음	귀무가설의 주장이 틀림
귀무가설을 채택	올바른 결정	제2종 오류(β-risk)
귀무가설을 기각	제1종 오류(α-risk)	올바른 결정

  - 제 1종 오류(α risk): 귀무가설이 참인데도 불구하고 이를 기각하게 되는 오류
  - 제 2종 오류(β risk): 귀무가설이 거짓임에도 불구하고 이를 받아들이는 오류

• 가설검정의 절차
  - 가설검정에 사용된 표본통계량인 검정통계량을 바탕으로 임계치와 비교하게 된다.
  - 유의수준을 바탕으로 임계치를 결정하고, 검정통계량과 비교하여 이보다 크면 귀무가설을 기각

• *t* 통계량을 이용한 가설검정
  - 표본자료를 통해 검정통계량인 t-통계량을 계산하고 t-통계표에서 유의수준에 해당하는 임계치를 찾아 이들 간의 차이가 발생하는가를 통해 가설을 검정한다. 여기에서 t-통계량은 다음과 같이 구해진다.

$$t = \frac{\overline{X} - \mu_0}{s_{\overline{X}}}$$

- 판단 기준

| t-통계량 | < 임계치: 귀무가설을 기각 못함

| t-통계량 | > 임계치: 귀무가설을 기각

대립가설	기각영역	비고
$H_a : \mu \neq \mu_0$ (양측검정)	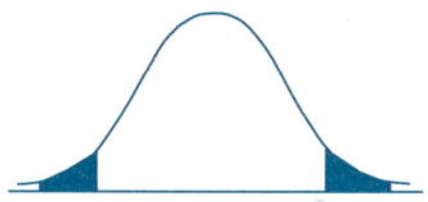	$\lvert$t-통계량$\rvert$ 〉 임계치$\left(t_{\frac{\alpha}{2}}\right)$이면 귀무가설 기각
$H_a : \mu > \mu_0$ (우측검정)	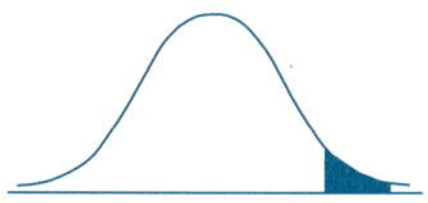	t-통계량 〉 임계치(t_α) 이면 귀무가설 기각
$H_a : \mu < \mu_0$ (좌측검정)	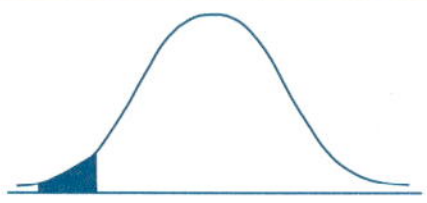	t-통계량 〈임계치($-t_\alpha$) 이면 귀무가설 기각

'현대차 리콜'·'도요타 추락'의 교훈

○ 현대자동차는 미국 앨라배마 공장에서 작년 말부터 이달 초까지 생산된 신형 쏘나타(YF) 13만9500대를 리콜(제품 회수 및 무상수리) 조치하기로 했다. 2011년형 쏘나타의 운전대 작동 결함에 관한 2건의 소비자 신고를 받은 미 도로교통안전국이 조사에 나서자 신속하게 리콜을 결정했다. 기아차가 쏘울과 쏘렌토 3만5000대를 리콜한 데 이어 미국시장에서 이달 들어서만 현대·기아차의 두 번째 리콜이다. 미국에서 한참 인기를 끌다가 대량 리콜 사태가 발생해 '값싸고 안전한 차'라는 브랜드 이미지에 타격이 크지 않을지 걱정된다.

현대차가 운전대 결함에 따른 사고가 발생하기 전에 리콜을 결정한 것은 그나마 다행이다. 현대차는 대규모 리콜로 소비자 신뢰를 잃고 추락한 일본 도요타자동차 사태를 교훈 삼아 신속하게 리콜을 결정했다. 현대차는 도요타처럼 소비자의 불만을 무시하거나 결함을 감추는 우(愚)를 범해서는 안 될 것이다. 작년 말 시작된 도요타의 리콜 사태도 가속페달 결함에서 비롯됐으나 '차량 결함이 아니라 운전상의 문제'라고 우기다가 결국 대규모 리콜 사태로 위기를 키웠다.

신형 쏘나타는 올해 2월 미국 시판 초기에도 도어 잠금장치의 결함 문제로 리콜 조치를 한 적이 있다. 현대차는 당시 신속한 리콜 조치로 품질 문제로 확대되는 것을 막았다. 그러나 아무리 작은 결함이라도 리콜 조치가 반복되면 소비자의 신뢰를 상실할 수밖에 없다.

현대·기아차는 2008년 이후 글로벌 경기 침체 속에서도 세계 시장 점유율을 키우며 한국 자동차의 성가를 높였다. 이달 러시아 공장 준공으로 658만 대 생산체제를 갖춘 현대·기아차는 2012년 중국 3공장과 브라질 공장을 완공하면 700만 대의 글로벌 생산체제를 갖추게 된다. 생산량을 급격히 확대하다 보면 납품 협력업체들이 생산 납기를 맞추느라 무리하기 쉽고 품질에도 문제가 발생할 수 있다. 일부 협력업체는 하루 20시간 넘게 휴일도 없이 공장을 돌리고 생산직원이 모자라 영업직원까지 동원하고 있는 실정이라고 한다. 현대차는 세계 1위를 목표로 무리하게 해외생산을 늘리다가 부품의 품질을 꼼꼼히 챙기지 못해 위기를 초래한 도요타의 실패를 반면교사로 삼아야 한다.

김기문 중소기업중앙회장은 "대기업의 단가 후려치기가 지나치면 도요타 사태가 우리나라에서도 일어날 수 있다"고 걱정했다. 시장 점유율을 높이려는 현대차가 과도하게 원가를 낮추면 부품 품질관리가 허술해질 수밖에 없기 때문이다. 동아일보 2010-09-28

Chapter 3

6시그마 프로젝트 추진단 활동

- 여타의 품질개선 활동과 6시그마 프로젝트의 가장 큰 차이점은 프로젝트 수행절차가 구체적으로 제시되어 있다는 것이다. 즉 프로젝트 선정 단계에서부터 지속적 개선과 정착, 발전과정까지의 단계를 추진 이전에 학습할 수 있을 것이다.

- 프로젝트 수행절차는 통상적으로 DMAIC 사이클에 따라서 이루어진다. DMAIC는 Define, Measure, Analyze, Improve, Control이라는 5단계로 구성되어 있다. 최초의 6시그마 프로젝트 절차인 MAIC에 대하여 Define이 추가되었으며 대부분의 6시그마 프로젝트는 이 절차에 의해 이루어지고 있다.

- 반드시 이 절차에 의해 6시그마 프로젝트가 이루어질 필요는 없으나 통계적 지식이나 다양한 품질관리 도구들을 병행하여 사용하고 통계적 사고를 발휘한다면 쉽고 편리하게 6시그마 프로젝트를 수행할 수 있을 것이다.

1 정의 단계(Define)

6시그마 프로젝트의 첫 단계가 되며 현재 조직내의 문제점이 무엇이며 개선할 필요성이 있는지에 대하여 확인하는 단계이다. 이러한 현상의 정의단계에서는 고객의 입장에서 그들의 요구사항을 바탕으로 CTQ를 파악하여야 한다. CTQ가 파악되면 고객의 요구수준이 어느 수준인지를 파악하는 과정이 이루어지게 된다. 통상적인 고객의 요구사항은 막연하며 추상적이기 때문에 수량화하는 과정, 즉 Management by Fact가 필요한 단계이다.

고객의 소리(Voice of Customer)

- 통상적으로 고객은 내부 프로세스와 외부 프로세스의 모든 주체들을 의미하며 최종 고객을 소비자(consumer)라고 칭한다. 6시그마 프로젝트를 원활히 수행하기 위해서는 고객이 요구하는 바를 적절히 이해하는 과정이 중요하다.
- 여기에서 고객의 소리는 요구사항을 의미하며 고객이 인지하지 못하는 필요사항을 포함하는 개념이다. 따라서 Define단계에서는 이를 취합할 수 있는 방법론이 필요하다.

고객의 소리를 핵심 요구사항으로 변환

- 고객 요구사항을 구체화하기 위해서는 고객 요구사항을 종류별 그룹으로 분류하는 과정이 우선 이루어져야 한다. 그리고 각 그룹을 특징 지울 수 있는 특성을 파악해야 하며 이를 바탕으로 각 그룹별 핵심 요구사항을 확인한다.

CTQ

- CTQ(Critical-to-Quality)란 고객의 요구사항을 충족하기 위해 필요한 제품이나 서비스의 유무형의 품질요소를 의미한다. 6시그마 프로젝트를 수행하기 위해서는 측정 가능한 CTQ의 확인과정이 필요하다.
- CTQ는 고객에 의해 판단되어지며 Trivial Many보다는 Vital Few를 찾아 이를 CTQ로 설정하는 과정이 필수적이다. 고객 요구사항을 정적인 결과물만을 지향하지 않고 프로세스를 CTQ로 설정할 수 있다. 통상적으로 CTQ를 설정하기 위해서는 QFD, FMEA를 사용하고 있다.

QFD

- 품질기능전개(QFD)는 고객의 요구사항을 품질명세로 변환하기 위한 일련의 과정을 반영하는 도구이다. 설계, 기술, 제조, 마케팅, 유통 등 제품과 서비스의 개발과정과 관계된 모든 부문을 함께 투입되어 요구사항을 변환하게 된다. 1960년대 고베 조선소에서 처음 시작되었으며 1970년대에는 자동차 산업으로 1990년대에는 사무 간접 부문으로 확대되고 있다. QFD의 핵심도구는 품질의 집(HOQ)이 된다.

[그림 3-1] 품질의 집

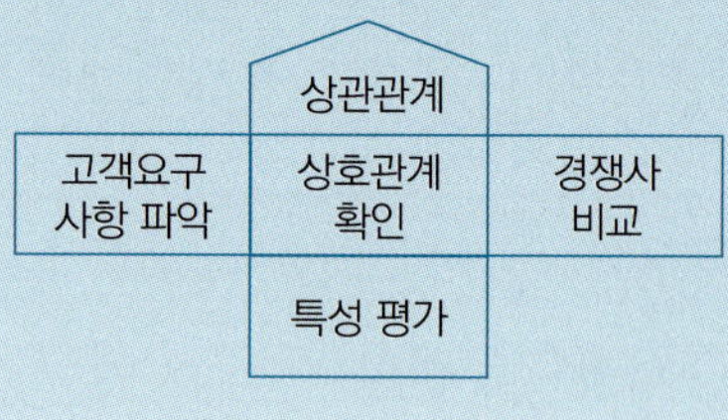

여기에서 고객요구사항 평가는 설문지나 FGI 등을 통해 중요 패널로부터 품질속성에 대한 평가수준을 측정하게 된다. 경쟁사 비교는 중요 고객요구사항에 대한 경

쟁사와의 상대적 수준평과가 이루어지는 단계이다. 상호관계 확인은 고객요구사항과 현재의 품질특성간의 관계성을 파악하게 되며, 상관관계는 품질특성간의 기술적 관계성을 나타낸다. 마지막으로 특성평가는 품질특성 중에서 향후 개발, 투자, 개선해야할 요소를 찾고 목표수준을 설정하는 과정이다.

2 측정 단계(Measure)

측정단계의 의미

- CTQ에 대한 성과를 측정하는 단계로서, 주로 통계적인 방법을 통해 자료수집이 이루어지게 된다. 이 단계에서는 구체적인 6시그마 프로젝트팀이 구성되고 추진 일정을 수립하게 된다. 통상적인 프로젝트 일정은 4~5개월 정도가 된다.
- CTQ와 함께 CTQ에 영향을 미치는 통제 가능한 요인들을 찾게 되며 이 요인들을 CTP(Critical to Preocess)라고 설정한다. CTP는 Big Y에 영향을 미치는 요소들이며 통계적으로는 독립변수의 역할을 하게 된다. 증상의 원인이 되는 문제점으로 개선과 관리의 대상이 된다.

프로세스 매핑(Process Mapping)

프로세스 매핑은 프로세스 과정을 도식화하여 프로세스 진행과정에 대한 이해를 돕기 위해 작성된다. 주로 서비스에서 활발하게 이용되고 있다. 각 프로세스에 대한 입력요소와 출력결과를 확인할 수 있으며 입력인자 가운데 기술적인 영향을 미치지 않으며 단지 출력에 일정한 영향력만을 보이는 잡음인자를 발견할 수 있다.

프로세스 매핑은 CTQ를 확인하고 측정활동을 위한 위치를 전체 프로세스를 바탕으로 확정하게 된다.

측정을 위한 다양한 지표

DPU/DPO/DPMO

① Defects Per Unit: 한 개의 단위에 있는 결점(defect)수

② Defects Per Opportunities: 한 개 단위에 대한 기회의 수

③ Defects Per Million Opportunities: 백만번 기회당 결점수

수율

- 누적수율(RTY)

여러 공정으로 구성된 경우, 마지막 공정중심으로 수율을 계산하는 것이 아니라 프로세스 전체를 고려하여 수율을 계산하게 된다. 이러한 누적수율에는 여러 공정의 폐기, 재작업 내용이 포함된다.

Y_{FT}(First Time Yield): 각 공정의 재작업을 고려하지 않는 수율

Y_{RT}(Rolled Throughput Yield): 병렬 프로세스를 기준으로 하나의 제품이 모든 프로세스를 하나의 불량 없이 합격될 확률

Y_{NORM}(Normalized Yield): 완제품의 품질수준에 대한 공정의 평균수율 수준

$$Y_{norm} = (Y_{RT})^{\frac{1}{n}}$$

따라서 5개의 공정에서 누적수율이 80%인 공정에서의 Y_{NORM}은 95.6% 이다. 이상의 방법과는 달리 포아송 분포를 활용하여 수율을 계산할 수 있다. d/u를 단위당 결함수(λ)로 두었을 때, 수율(Y)은 $\frac{(\lambda)^r e^{-\lambda}}{r!}$로 제시된다. 예를 들어 결함률이 0일 가능성은 $\frac{(\lambda)^0 e^{-\lambda}}{r!}$가 되어 $e^{-\lambda}$가 된다.

공정능력

공정이 관리 상태에서 제품과 서비스의 품질변동이 어느 정도로 일어나고 있는가를 수치화한 개념이다. 설비와 함께 작업자의 상태, 원자재 결함 수준 등이 영향을 미칠 수 있다. 통상적인 공정능력은 공정능력지수를 통해 지수화 되고 있다. 가장 빈번하게 활용되고 있는 공정능력지수는 다음과 같다.

[표 3-1] 공정능력 지수

유형	Cp	Pp	Cpk	Ppk
기간	단기	장기	단기	장기
특징	공정능력의미를 구현		실무에서 사용되는 공정능력	
	품질특성의 분포가 중앙을 중심으로 대칭에 가까운 경우에 사용		품질특성의 분포가 한쪽으로 치우친 경우에 사용	

공정능력지수를 산정하기 위한 분포에서의 주요개념을 그림으로 표현하면 다음과 같다.

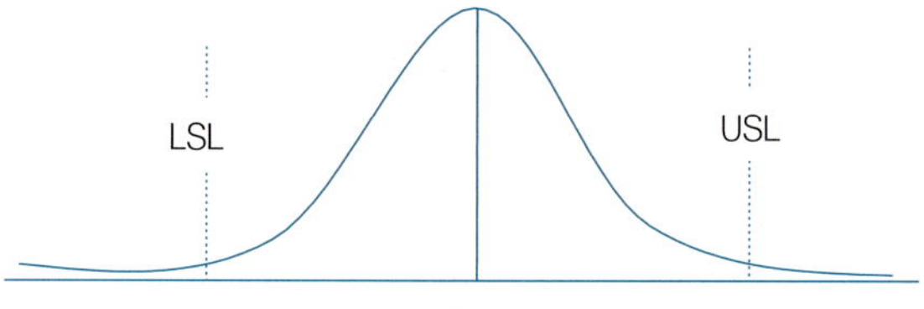

여기에서 USL과 LSL은 각각 규격상한과 규격하한이라고 한다. 규격과 실제 품질특성치의 위치가 어떻게 분포하고 있는가를 고려하여 공정능력지수 유형이 결정된다.

A. 품질특성치의 치우침이 나타나지 않는 경우

USL과 LSL을 중심으로 품질특성치가 큰 변동을 보이지 않으며 중앙에 분포되어 있는 경우로 공정능력지수는 다음과 같이 제시된다.

여기에서 분자의 값은 공차한계(Tolerance)라고 부른다. 따라서 C_p는 공차한계에 대한 6σ의 상대적 비율을 의미한다.

B. 품질특성치의 치우침이 나타나는 경우

품질특성치가 규격의 가운데에 위치하지 않고 치우침이 나타나는 경우에 공정능력지수 C_{pk}를 사용하게 된다.

$C_{pk} = (1-k)C_p$ 이며 여기에서 k는 치우침의 수준을 의미한다. k가 0에서 1사이인 경우에는 $C_{pk} = (1-k)C_p$를 사용하지만 k가 1이상을 보이는 경우에는 0을 C_{pk}수준으로 사용하게 된다.

C. 품질특성치의 한쪽 규격만이 사용되는 경우

품질특성을 평가하는데 규격상한 혹은 규격하한만이 의미가 있는 경우에 기존의 공정능력지수에 변화를 주게 된다.

규격상한만이 사용되는 경우 $C_p = \frac{USL - \mu}{3\sigma}$

규격하만만이 사용되는 경우 $C_p = \frac{\mu - LSL}{3\sigma}$

이상에서 제시된 공정능력지수를 바탕으로 공정능력수준을 판단하게 된다. 개략적인 공정능력수준은 다음의 표와 같다.

[표 3-2] 공정능력수준에 대한 평가

공정능력수준	공정능력등급
$C_p \geq 1.33$	최우수 등급
$1.33 > C_p \geq 1$	우수등급
$1 > C_p \geq 0.67$	보통등급
$0.67 > C_p$	열등등급

D. 공정능력수준과 시그마 수준

[표 3-3] 공정능력수준과 시그마 수준

공정능력수준		시그마 수준
C_p	C_{pk}	
0.5	0.00	1.5 σ
0.67	0.17	2.0 σ
1.00	0.50	3.0 σ
1.17	0.67	3.5 σ
1.33	0.83	4.0 σ
1.67	1.17	5.0 σ
1.83	1.33	5.5 σ
2.00	1.50	6.0 σ

Gage R&R

A. Gage R&R의 일반적 기준

- Gage의 적합성은 사용목적에 따라 신중히 검토되어야 한다.
- 측정방법의 만족도는 Gage 시스템오차가 품질특성치 공차에 차지하는 비율을 바탕으로 평가된다.
- Gage R&R(반복성과 재현성)은 특성치의 공차에 대한 백분율을 바탕으로 한다.

B. Gage R&R의 허용기준

- R&R 수준이 10% 이하인 경우에는 허용된다.
- 30% 이하인 경우에는 품질특성치의 중요도, 가격, 수리비용을 고려하여 허용할 수 있다.
- 30% 이상인 경우에는 허용이 되지 않는다.

C. 판정에 대한 지침

- 반복성이 재현성에 비해 클 경우
  - 게이지가 정비를 필요로 한다.
  - 게이지가 더 정밀하게 설계되어야 한다.
  - 측정을 위한 클램프 또는 위치가 개선될 필요가 있다.
  - 부품 내에 산포가 과다하다.
- 재현성이 반복성에 비해 클 경우
  - 평가자가 계기의 사용 및 읽는 방법에 대해 더 많은 교육이 필요로 한다.
  - 게이지 눈금에 대한 교정에 정확하지 않다.
  - 어떤 종류의 치구가 평가자가 게이지를 더 일관성 있게 사용하는 것을 돕기 위해 필요하다.
- 게이지 반복성 및 재현성(%R&R)
  - 10% 미만: 측정시스템은 수용(허용)가능하다.
  - 10%~30%: 적용, 게이지 비용, 수리 비용 등의 중요도에 의존해서 수용가능할 수 있다.
  - 30% 이상 : 측정시스템의 개선이 필요하다. 문제를 파악하는데 모든 노

력을 기울여라.

D. 게이지 R&R을 운용하기 위한 미니탭 활용

[그림 3-2] Gage R&R 초기 메뉴

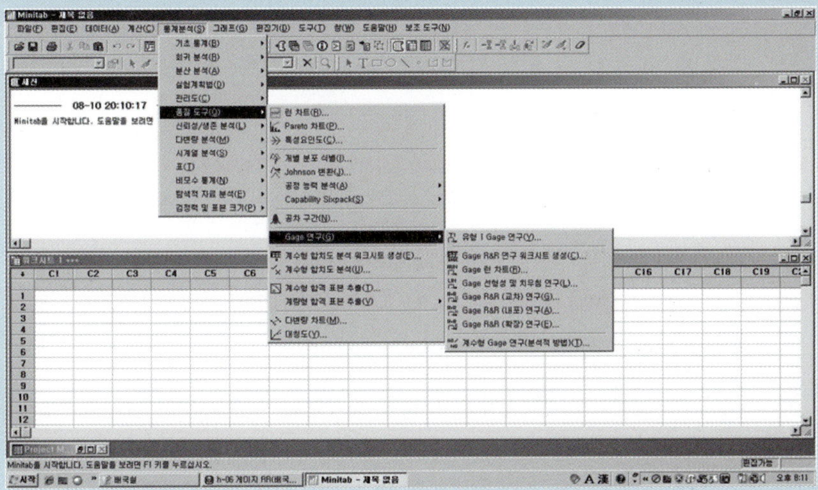

[그림 3-3] Gage R&R 연구사용법

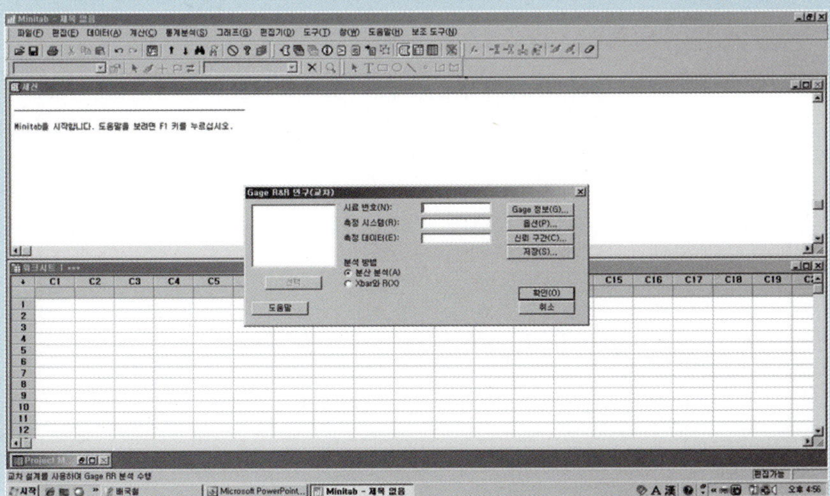

- 미니탭의 [Gage R&R 연구 워크시트 생성(Create Gage R&R Study Worksheet)]이 데이터 수집 시트를 생성할 수 있으므로 측정 시스템 분석을 준비하는 일은 용이하다.
  - 대화 상자는 누가 측정을 실시하고 있고([측정 시스템(operators)]), 어떤 항목을 측정하고 있으며([부품(parts)]), 데이터를 어떤 순서로 수집해야 하는가를 신속하게 명시할 수 있도록 도와준다. 음식온도에 대한 게이지 R&R을 예를 들면 다음과 같다.
    ① 통계분석>품질 도구>Gage 연구>Gage R&R(교차) 연구(Stat > Quality Tools > Gage Study > Gage R&R Study (Crossed))를 선택.
    ② 시료 번호(Part Numbers)에 부품을 입력.
    ③ 측정 시스템(Operators)에 측정 시스템을 입력.
    ④ 측정 데이터(Measurement Data)에 음식 온도를 입력.
    ⑤ 옵션(Options)을 클릭하고 [규격 하한]을 입력. 이 경우에는 최저 음식 온도보다 더 낮은 규격을 입력. 대화 상자마다 [확인(OK)]을 클릭.

[그림 3-4] 게이지 R&R 워크시트 생성

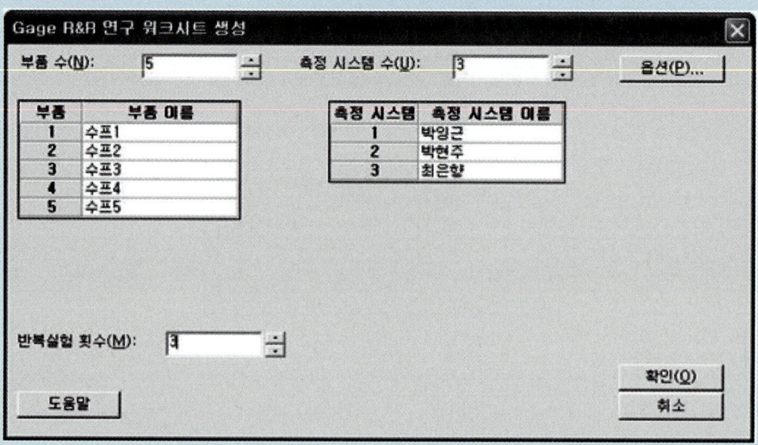

- 준비된 워크시트에 측정값을 입력하고 나면, [Gage R&R(교차) 연구(Gage R&R Study (Crossed))]를 이용하여 측정을 분석할 준비가 완료된다.
  ① 통계분석〉품질 도구〉Gage 연구〉Gage R&R 연구 워크시트 생성(Stat>Quality Tools>Gage Study>Create Gage R&R Study Worksheet)을 선택.
  ② 부품 수, 측정 시스템 수, 한 작업자가 같은 부품을 측정할 횟수를 명시한 다음, 결과에서 쉽게 식별하도록 부품과 측정 시스템의 기술적 명칭을 부여. [확인(OK)]을 클릭.

[그림 3-5] 게이지 R&R 워크시트 입력

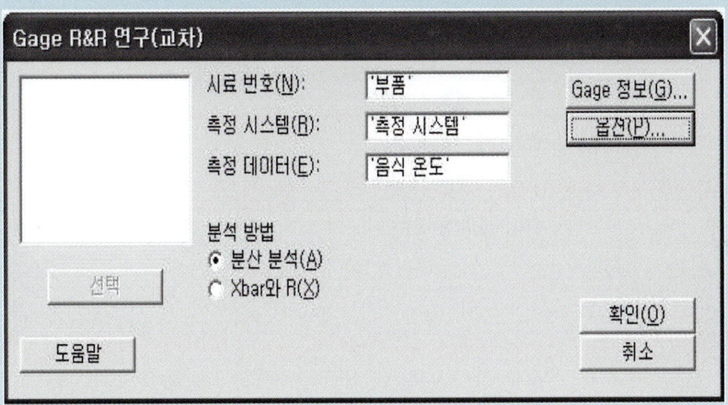

- 결과에 따르면, 수프별 측정 결과에 차이가 있음을 확인할 수 있으며 차이의 근원을 확인하여 제거하면 측정 시스템이 개선될 것이다.
  - 예를 들어 측정하기 위한 온도계 높이에의 일관성을 기할 수 있는 장비와 노력을 제안할 수 있다.

벤치마킹

다른 기업이나 동일 기업의 다른 공정을 통해 최적 process 수행방법을 학습하고 내재화하는데 목적을 두고 이루어진다.

A. 기대 효과

- 신뢰할만한 성과 측정지표 개발
- best practice를 개발
- 체계적 목표설정과 달성과정 개발
- 고객 요구의 명확한 이해

B. 벤치마킹 절차

1. 벤치마킹 대상 선정

↓

2. 비교대상 선정

↓

3. 조사방법 결정

↓

4. 벤치마킹 수행

↓

5. 수행 결과에 대한 피드백

3 분석 단계(Analysis)

분석단계의 역할

분석단계에서는 보완활동이 이루어져야 하는 공정에 대하여 수행된 측정결과를 바탕으로 원인을 구체적으로 탐색하는 단계이다. 분석단계에서 활용하는 도구나 기법은 가장 통계적 성격이 강한 면을 보이며 크게 나누면 증상을 파악하기 위한 그래프를 활용한 기법, 원인을 파악하기 위한 프로세스 분석과 인과분석법으로 나누어볼 수 있다.

분석단계의 활동

공정변동의 원인분석을 통해 파악된 잠재적 원인의 수준을 확인하게 된다. 설계단계에서 확인된 목표값에서 측정치가 벗어나고 있는지 파악하고 산포가 어느 정도 수준인지 파악하게 된다. 관리도 등의 통계적 기법을 통해 공정의 안정상태를 확인하게 된다.

잠재원인변수(X's)

6시그마 활동은 고객만족 실현에 위해가 되는 요소들을 찾아 해결한다는 궁극적 목적을 통해 수행된다.

$$y = f(x_{1,} x_2, x_{3,} \ldots)$$

여기에서 y는 결과변수이며 x_i는 산포의 근본원인으로서 품질문제를 야기하는 요소가 된다. 여기에서 잠재원인변수의 확인절차는 다음과 같다.

a. 문제의 유무 확인과 함께 위치를 확인한다.
b. 문제의 형태를 확인한다.
c. 징후를 파악하고 변화된 조건이 무엇인지를 확인한다.

궁극적인 문제 해결을 위해서는 문제점의 형태를 확인하는 과정이 필요하다. 결과변수와의 상관관계가 높고 인과관계 가능성이 높은 요소들을 분별하기 위해 다양한 통계적 기법을 사용할 수 있다.

통계적 공정관리의 활용

A. 의의: 품질경영을 수행하기 위한 최근의 접근법은 사실에 의한 경영(Management by Fact)에 입각해 이루어지고 있다.

- MBF은 수치화된 자료와 구체적이며 효과적 분석단계를 통해 이루어진다.
- MBF를 원활하고 효과적으로 수행하기 위해 품질경영기법이 등장하게 된다.
- 일반적으로 가장 많이 활용되고 있는 품질경영기법은 7 필수기법과 신 7필수기법으로 구성되어 있다.

[표 3-4] 품질경영 도구

품질경영 7 기초도구	품질경영 신 7 도구
1. 체크시트	1. 친화도
2. 히스토그램	2. 연관도
3. 층별	3. 계통도
4. 산점도	4. 매트릭스도
5. 파레토그램	5. 매트릭스 데이터 해석
6. 특성요인도	6. 과정결정계획도
7. 런차트	7. 애로우다이어그램

B. 품질경영 7 기초도구

가. 체크시트

다양한 자료 중에서 중요한 자료를 분별하는 경우에 체크시트를 활용한다. 불량수, 결정수와 같은 데이터를 각 항목별로 일정한 기호를 통해 표기하는 것이다.

- 체크시트의 유형에는 그 사용목적에 따라 결점항목 체크시트, 공정분포 체크시트, 결점위치 체크시트, 결점요인 체크시트로 나누게 된다.

[표 3-5] 공정 중에서의 결점항목 체크시트

구분	1	2	3	4
너트 조임	/ /	/	/ / / /	/ /
페인트칠			/	
자재교환	/	/ / /		/ /
포장		/	/	
합계	3	5	6	4

나. 히스토그램

각 사건의 발생빈도를 그래프 형식으로 보이게 된다. 히스토그램의 사용목적은 다음과 같다.

- 평균과 자료의 분산도에 대한 대략적 파악
- 히스토그램의 형태에 대한 파악

[그림 3-6] 커피 브랜드 구매량에 대한 히스토그램

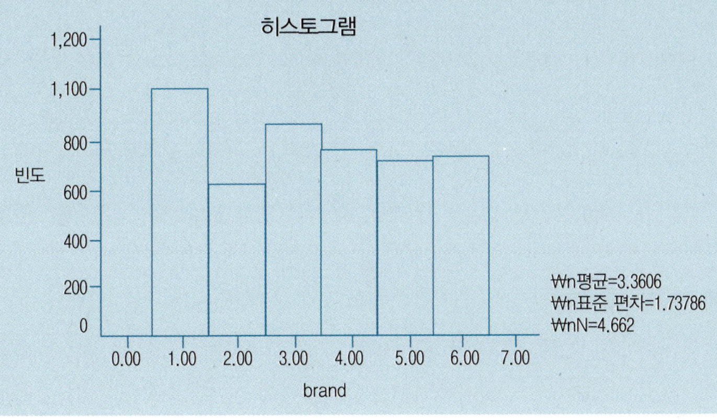

다. 층별

층별(stratification)은 모든 자료들을 범주화함으로써 원인을 간편하게 파악하기 위한 목적으로 사용된다. 이때 각 범주를 층이라고 하며 각 층은 인력이나 활용 기계, 사용되는 원자재에 따라서 구분된다. 층을 구분하기 위한 기준은 다음과 같다.

- 작업방법, 시간대, 환경, 원재료, 기계설비 수준, 작업자 등
- 주로 시계열적 선그래프 등을 통해 결함이나 불량의 원인을 각 층별로 파악하기 위해 사용된다.

라. 산점도

두 변수간의 상관성을 시각적으로 판단할 수 있는 장점을 가진다. 수치화된 관계인 상관관계 분석의 사전분석으로써 의미를 가진다.

[그림 3-7] 자동차의 연비와 차중량간의 산점도

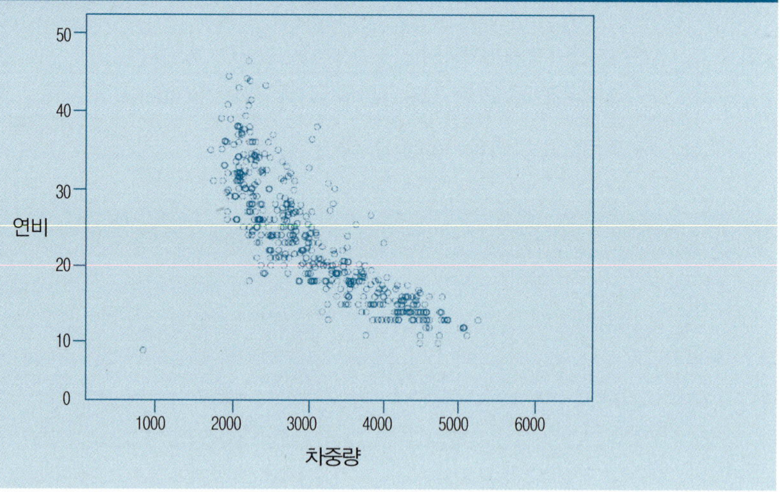

마. 파레토 차트

- 상대적으로 중요한 요소와 그렇지 않은 요소를 시각적으로 구분하기 위한 목적으로, 히스토그램의 변형으로 사용되고 있다. 파레토 원리인 소

수의 원인이 사회의 대부분 문제를 야기한다는데 기인하여 개발된 것이다. 따라서 vital few를 찾는데 그 목적을 두고 있다.

[그림 3-8] 기계공장의 불량원인 파레토 차트

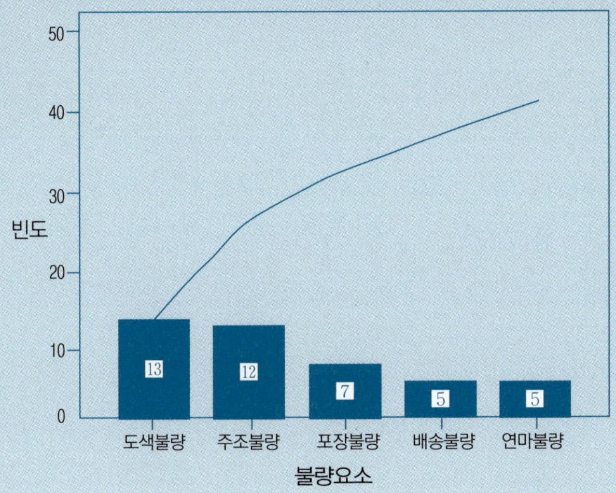

위의 그림에 따라서 세 가지 불량원인이 전체 불량원인의 80% 수준을 차지하고 있으며 하위 두 원인은 사소한 원인으로 분류할 수 있다.

바. 요인특성도

- Ishikawa Diagram으로 알려진 요인특성도는 팀으로 구성된 구성원들의 자유로운 토의를 통해 문제의 원인을 찾아갈 수 있도록 개발되어진 도식화 도구이다. 요인특성도의 장점은 다음과 같다.
- 그림 작업을 통해 문제의 원인 발견을 위한 교육을 수행할 수 있다.
- 특정 주제로 토의의 범위를 한정할 수 있다.
- 자료수집을 용이하게 한다.
- 조직내 모든 문제에 적용할 수 있다.

[그림 3-9] 골프 스코어 저하에 대한 요인특성도

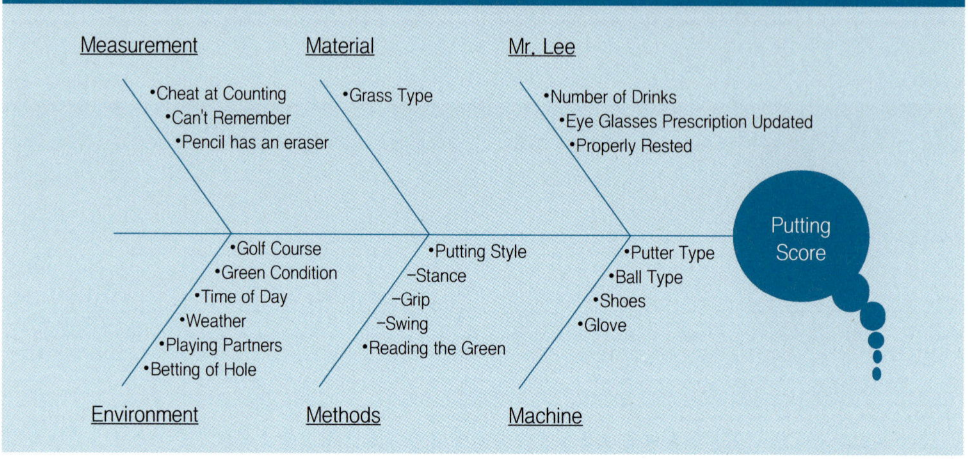

- 요인특성도는 단순하게 구성되어 있어 작성과 이해의 정도가 높아 대부분의 품질분임조에서 활용성도 높은 도구이다.

사. 런차트와 관리도

- 런차트는 시간의 흐름에 따른 측정치의 변화를 추적한 것으로 그 중에서 공정의 특성에 대한 런차트가 관리도이다.
- 사용의 간편함에도 불구하고 공정의 대략적 특성을 파악하는데 도움을 주며 장기적 추세와 유형을 파악하는데도 유용하다.
- 관리도는 문제나 변동의 원인이 우연요인에 의해 발생하는지 특이원인에 의해 발생하는지 파악하는데 유용한 도표이다.
- 표본자료로부터 시간흐름을 고려해 도표에 표시하는 방법으로 구성되며, 관리한계를 두고 그 한계를 벗어나는 경우 특이원인이 존재하는 경우이며, 한계 내에 존재하는 경우에는 우연변동만이 존재한다고 평가한다.
- 측정치의 형태에 따라서 계량치, 계수치 관리도로 구분되며 다양한 조합 형태로 사용되고 있다.

[그림 3-10] 불량수준에 대한 런차트

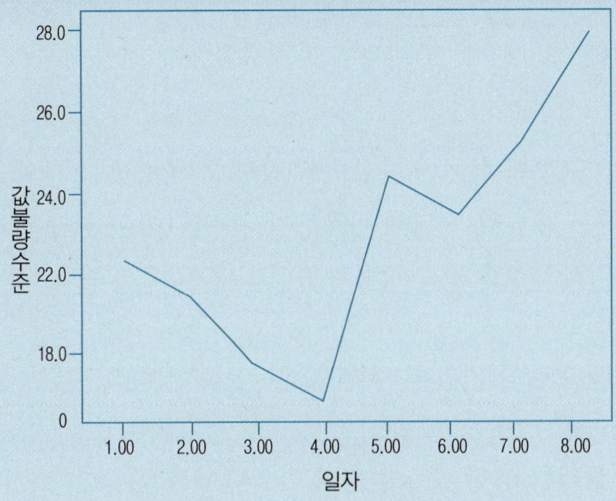

[그림 3-11] 하루당 작업시간에 대한 표본평균 관리도

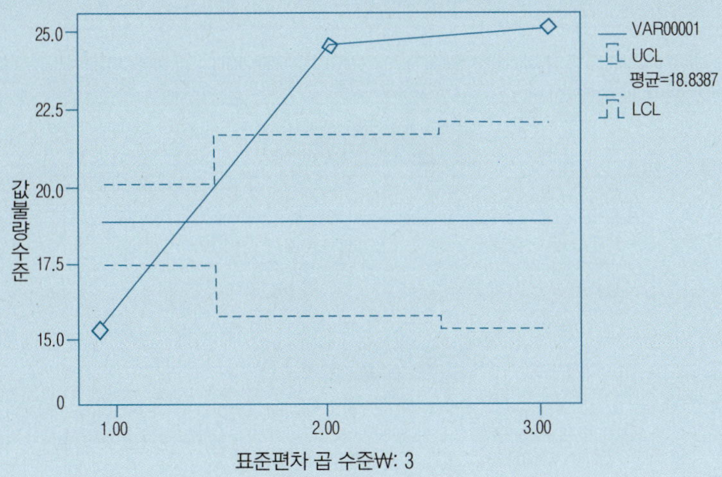

C. 품질관리 신 7 도구

새로운 품질관리 도구들은 기존도구들을 대체한다기보다는 새로운 사용목적을 고려해 개발된 것으로 세부적 개선활동에 적극적으로 활용되고 있다.

가. 친화도

- 대부분 구문의 형태인 자료를 수집하고 이 항목들 간의 관계에 기초하여 집단화고 분류하기 위해 사용된다. 아이디어를 창출하고 범주화하여 여타의 의사결정 도구를 활용하는데 도움을 주게 된다. 친화도 작성단계는 다음과 같다.

① 구문으로의 의견을 청취할 집단을 구성한다.
② 서술식 의제를 제시한다.
③ 일정 시간동안 구성원들의 아이디어를 접수한다.
④ 비평 없이 아이디어를 각자 제시하도록 한다.
⑤ 아이디어를 카드 형태로 수집하고 대표할 수 있는 아이디어 카드를 선정한다.

[그림 3-12] 타일상품에 대한 고객요구의 친화도

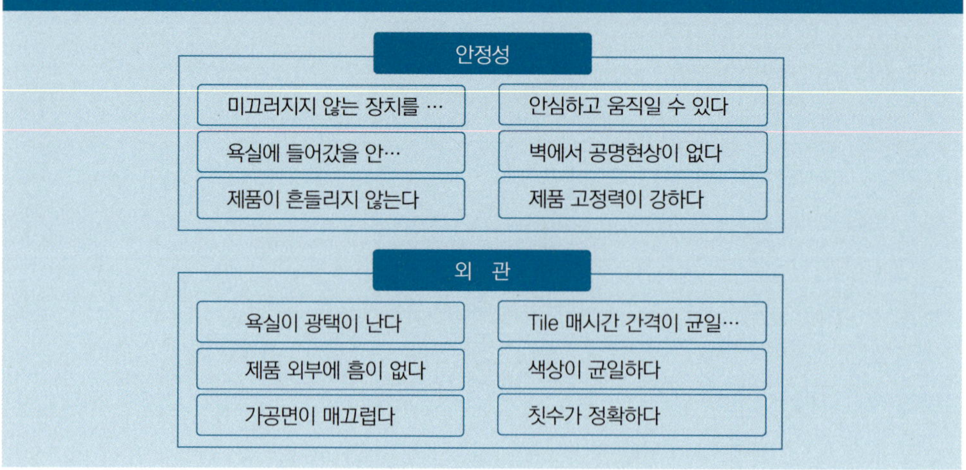

나. 연관도

- 가장 중심이 되는 문제를 파악하고자 각 요인들 간의 논리적 연계성을 알아내기 위해 활용되고 있다. 대부분의 경우에 친화도에서 파악된 내용들의 논리적 연계성을 파악하기 위해 이용된다. 연관도의 활용 형태는 다음과 같다.
- 연관도를 작성하기 위해서는 팀 활동을 통해 여러 가지 아이디어를 도출하고 이들 간의 인과, 영향관계를 파악하고 화살표를 통해 그 영향관계를 도시화한다. 연구모형과 동일한 형태를 보인다.
  ① 다양하고 복잡한 아이디어의 연관성을 논리적으로 파악
  ② 업무순서나 competitive priority를 파악
  ③ 구체적인 문제의 원인을 서술적으로 제시된 증거로 파악
  ④ 원인과 결과를 구체화
- 연관도는 다이어그램을 선분을 통해 연관시켜 개념적 틀(framework)을 통해 제시한다.

다. 계통도

- 목표 달성을 위해 실행해야할 활동들을 체계적으로 표기하기 위해 작성된다. 연관도의 결과는 계통도를 작성하기 위한 기초자료로 활용된다. 수행해야할 각 활동들 간의 논리적, 시간적 연계성을 일목요연하게 보여주는데 그 작성의의가 있다. 계통도의 활용 형태는 다음과 같다.
  ① 특정 결과물을 실행하기 위한 활동들을 파악해야하고 통제가능성을 사전적으로 진단
  ② 문제점의 모든 발생원인들을 파악
  ③ 충분한 노력을 바탕으로 우선적 해결원인을 파악
- 계통도는 연관도와 유사하나 선형배치라는 점에서 차이가 나며, 각 가지는 시간적 활동을 나타내고 흐름도(flow chart)와 유사한 형태를 가지게 된다.

[그림 3-13] 고객요구사항에 대한 계통도

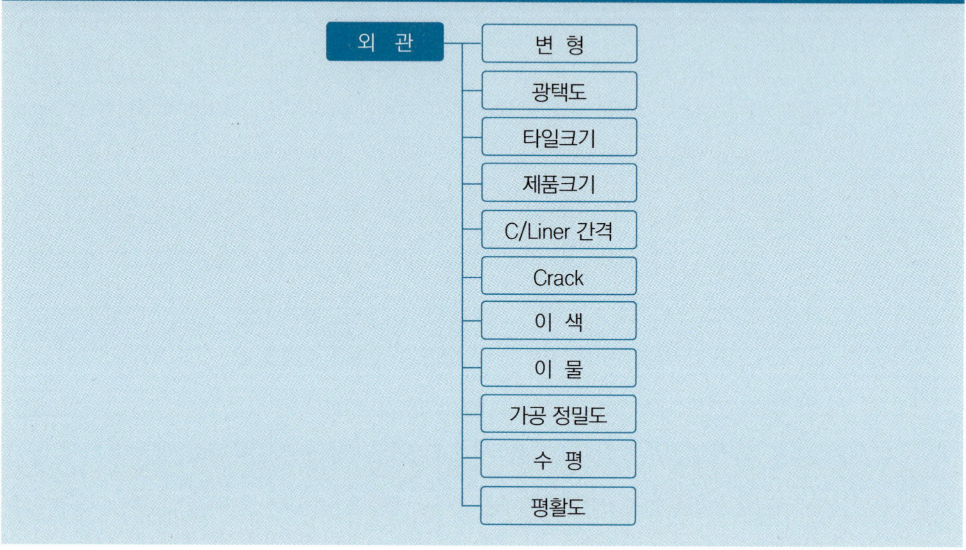

라. 매트릭스도

- 품질기능전개의 도구인 품질의 집(HOQ)에 주로 사용되며 다양한 품질경영 활동, 특성간의 상호관계를 파악하고 중요성도 파악할 수 있다. 그 형태에 따라서 L형, 품질표, T형 등으로 나누어진다.

[표 3-6] 조리실 개선 매트릭스도표

수단 / 결과	조리원 고용	보관박스 추가구입	조리공간 확대
배식속도개선	○	○	△
음식보온성 개선	△	△	×
비용감소	×	×	×

- 매트릭스도는 목적이 다양하고 목적달성을 위한 수단과 방법이 다양한 경우에 유용하며 목적과 수단간의 중요성을 구분하여 최적화된 선택을

실행하는데 도움을 준다.

마. 매트릭스 데이터해석

- 매트릭스도에서 나타난 각 변수간의 관계수준을 명확히 파악하기 위해 작성된다. 해석 자체는 간단명료하지만 자료의 수집과정은 복잡하다. 수집된 자료의 관계를 명확히 할 수 있는 차원을 파악하는 과정이 핵심이 된다.

[그림 3-14] 품질문제에 대한 매트릭스 분석

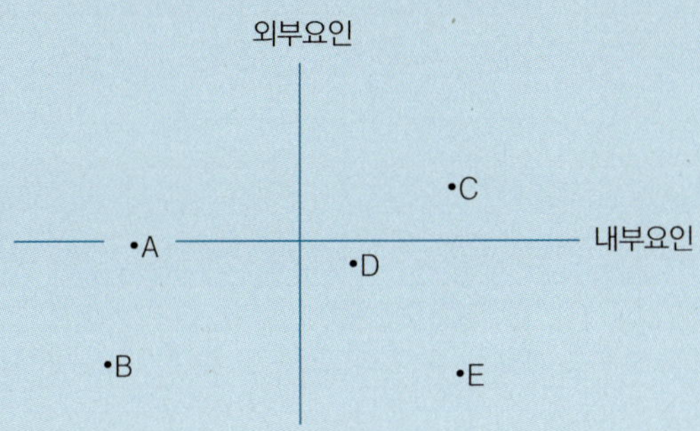

- 위의 그림에서 5개의 요인들에 대해 그 특성을 고려해 내부요인과 외부요인으로 구분되며 각 요인에 대한 관리방법을 진단하고자 할 때 매트릭스 해석은 유용한 방법이 된다.
- 매트릭스 데이터 해석은 표본의 수가 평가항목의 수보다 많아야 하는데 이는 평가항목간의 상관계수가 너무 높아지는 것을 막기 위한 것이다.

바. 과정결정계획도(PDPC)

- PDPC(process decision program chart)는 문제 해결의 각 과정들을 도식화하기 위해 사용된다.
  - 처음 단계에서 프로젝트의 진행과정에서 발생할 수 있는 우발적 상황

들을 제시하고 각 상황이 어떻게 진행될 것인지 예측하는데 도움이 된다.

- PDPC는 사전에 실패를 예측하고 개선과정의 점검을 확인하고자 시도된다. 통상적으로 제품책임에 대한 사전적 정보를 제공하기 위해 사용된다.

[그림 3-15] 도서 대출에 대한 PDPC

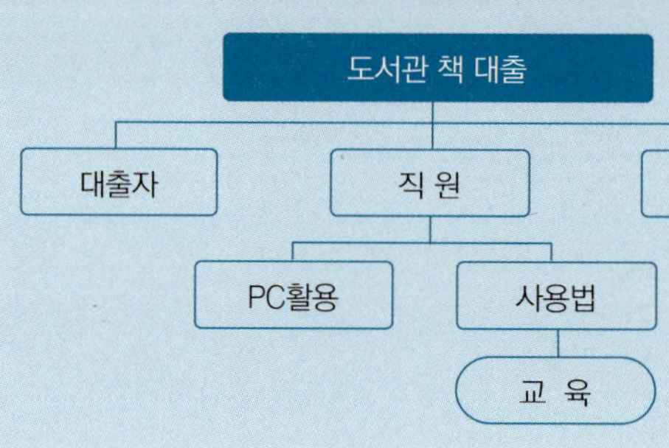

사. 애로우 다이어그램

- 활동과 사건을 연속적으로 표시하는데 있어 시간의 흐름을 고려하여 화살표 그림을 바탕으로 네트웍 형식으로 제시된다.
  - 프로세스 순서를 도식화하여 보인다는 점에서 flow chart와 유사하다. 그리고 그 유용성을 정리하면 다음과 같다.
    ① 실제 업무에 착수하기 전에 업무 프로세스의 문제점을 파악할 수 있다.
    ② 진척도 평가가 가능하다.
    ③ 업무 프로세스 변경시에 프로세스 재설계가 용이하다.

D. 공정능력분석

가. 공정능력의 의미

- 공정능력은 공정중의 이상요인이 제거된 후 설계규격에 일치하는 상품

을 생산할 수 있는 수준을 의미한다. 통상적인 관리도는 시료를 통한 공정의 안정 상태를 파악하기 위해 이루어지므로 설계단계에서의 규격과는 거리가 있을 수 있으므로 공정의 정확한 상태 파악을 위해 공정능력(process capability)을 측정하게 된다.

- 일반적으로 공정능력은 $6\hat{\sigma}$로 측정된다.
- 품질특성의 신뢰구간($\bar{x} \pm 3\hat{\sigma}$)을 공정능력한계(process capability limit)로 설정한다.

4 프로젝트 개선(Improve)

개선단계의 의의

• 분석 단계에서 파악된 핵심소수 요인(vital few)를 바탕으로 개선단계에서는 혁신 활동이 이루어진다. 브레인스토밍 등을 통해 아이디어를 파악하고 실험계획법등을 통해 최선의 대안을 효율적인 방법을 통해 찾아가게 된다.
  - 개선활동에서 가장 중요한 것은 아이디어를 찾아가는 과정이므로 이를 지원할 수 있는 활동들이 요구된다.

문제해결활동

• 현상과 설계단계에서의 바람직한 결과와의 차이를 문제라고 한다면, 이러한 문제를 해결하기 위한 절차를 고안해야 한다.
  - 통상적으로 활용 가능한 문제해결 절차를 본다면 다음과 같다.

A. 오스본의 문제해결 7단계

① 방침의 결정
② 자료를 모으는 준비단계
③ 분석단계
④ 가능한 아이디어의 산출
⑤ 최선의 아이디어를 선정
⑥ 아이디어의 정리단계
⑦ 결과에 대한 가치판단

B. GE의 문제해결 단계

① 문제의 인식단계

② 요구사항의 정리

③ 아이디어의 수집

④ 아이디어의 비교

⑤ 대안의 선택

⑥ 예비설계 단계

⑦ 시험단계

⑧ 안정적 안착 단계

C. 브레인스토밍(brainstorming)

- 1941년 광고 아이디어를 도출하기 위한 방법으로, 회의에서 사용할 수 있는 방안으로 시작되었다.
  ① 의미: 시간적 효율성을 제고하며 회의 결과의 효과성으로 높이는데 기여하는 방안이다.
  ② 브레인스토밍의 특징
- 다양한 비판을 수용하며 우수한 아이디어를 산출한다기보다는 다양하며 수적으로 광범위한 의견 개진에 의미를 둔다. 또한 다양하고 기발한 아이디어에 긍정적인 인정을 하며 다양한 연상이 보편적이다.

D. 마인드맵핑(mind mapping)

- 아이디어를 도식화하여 표현함으로써 아이디어 결과의 창의성을 높이는 긍정적 역할을 한다.
  ① 도식의 가운데에 달성해야할 목표를 설정한다.
  ② 목표에 영향을 미치는 핵심적 활동과 가치를 단순한 도형으로 표시한다.
  ③ 상대적 중요도가 높은 것부터 아이디어를 기록하는데 중심에서 외각으로 기록하게 된다.
  ④ 연관성이 높은 아이디어들은 선으로 연결한다.
  ⑤ 실행가능성과 실행 후 높은 가치를 실현할 수 있는 아이디어의 순으로

결론을 도출한다.

E. 고든분석법

- 신제품 아이디어를 산출할 때 사용하는 문제해결 기법으로, 신제품을 개발할 때 기존의 개발된 제품이 아닌 추상화의 단계를 거치면서 새로운 아이디어를 산출하는 방법이다.

실험계획법

초기의 실험계획법은 이미 19세기에 시작되었다. 평균을 비교하기 위해 주로 농업분야에서 시작되었으며 지금은 산업, 의학 등이 광범위하게 사용되고 있다. 흔히들 비교 대상을 인자(factor) 혹은 처리(treatment)라고 한다.

A. 실험계획법의 유형

실험계획법의 종류는 계획수립과정에서 처리(treatment)의 특성에 따라서 나뉘며 다음과 같이 정리된다.

[표 3-7] 실험계획법의 종류

유형	특징
완전계획법(CRD)	하나의 처리인자
랜덤완전블럭계획법(RCBD) 랜덤불완전블럭계획법 랜덤균형불완전블럭계획법 랜덤부분균형불완전블럭계획법	2개의 인자가 있으며 상호작용은 없는 것으로 가정
요인계획법 라틴스퀘어계획법(RSD) 둥지계획법(Nested Design) 분할계획법(SPD)	2개 이상의 인자가 있으며 상호작용을 고려하며 그 이상의 인자수에도 적용된다.

B. 일원배치법

- 분석에서 고려되는 처리인자가 1개인 경우로 일원배치 분산분석을 의미

하는 oneway-ANOVA라고 불린다. 독립적인 2개 이상의 인자수준에 대하여 하나의 비교대상을 분석한다.

- 3개의 모집단으로부터 3개의 독립적인 확률표본을 취하고 3개의 모집단 평균을 m_1, m_2 그리고 m_3라 할 때 검정하려는 귀무가설과 대립가설은 다음과 같다.

  귀무가설 H_0: $m_1 = m_2 = m_3$

  대립가설 H_A: 평균 중 적어도 하나는 다르다.

  $$F = \frac{MSB}{MSE} \sim F(a-1, n-a)$$가 된다.

  여기서 각각의 모집단은 공통분산 s^2을 갖고 평균 중 적어도 하나는 다르다. 그리고 자유도(df)는 분자와 분모에서 차이가 있다.

  : F비율의 분자의 자유도 = 표본수 - 1 (=k-1)

  : F비율의 분모의 자유도 = 전체표본의 크기-표본수 (=n-k)

  검정기준은 계산된 F값이 자유도를 고려하여 F 분포표에서 찾은 임계치 F값보다 작으면 귀무가설은 채택된다.

  이상의 내용을 간단하게 분산분석표를 통해, 정리 제시하게 된다.

[표 3-8] 분산분석표

변동요인	자유도	제곱합	평균제곱합	F통계량
처리인자	$a-1$	SSB	$MSB = SSB/(a-1)$	$\frac{MSB}{MSE}$
오차항	$n-a$	SSE	$MSE = SSE/(n-a)$	
총합	$n-1$	SST		

C. 반복 없는 이원배치법

보통 난괴법으로 불리며, 측정값에 영향을 미칠 수 있는 제2의 처리인자를 블록(block)으로 부르기 때문에 Randomized Block Design이라고 한다. 따라서 처리인자 1개, 블록 1개가 존재하는 경우이다. 결과에 영향을 미칠 수 있는 인자 외에 또 다른 인자(블럭)을 고려하게 되며, 실험 횟수가 각 경우에 대해 한 번씩이라고 한다면 반복이 없는 실험계획법이 된다. 따라서 가설이 두 개가 된다.

귀무가설 H_0 : $m_{1.} = m_{2.} = . . . =m_{\alpha .}$
대립가설 H_A : 평균 중 적어도 하나는 다르다.

이를 정리하여 분산분석표로 나타내면 다음과 같다.

[표 3-9] 분산분석표

변동요인	자유도	제곱합	평균제곱합	F통계량
처리인자 A	$a-1$	SSBA	$MSB_A = SSB_A/(a-1)$	$\frac{MSB_A}{MSE}$
처리인자 B(블럭)	$b-1$	SSBB	$MSB_B = SSB_B/(b-1)$	$\frac{MSB_B}{MSE}$
오차항	$(a-1)(b-1)$	SSE	$MSE = SSE/(n-a)$	
총합	$n-1$	SST		

- 측정값에 영향을 미치는 처리인자가 두 개 있는 경우에 하나의 인자만을 고려하여 반복 없는 이원배치법을 사용하게 되면, SSE에 고려하지 않은 인자(블럭)의 변동량이 상당 부분을 차지하게 되고 따라서 MSE를 크게 한다. 따라서 첫 번째 인자의 변동량 SSB_A가 상대적으로 작아지므로 F 통계량은 작아지게 된다. 따라서 (대립)가설이 기각할 가능성이 높아지게 된다. 이와는 반대로 블록의 변동폭이 적은 경우에는 일원배치법이 권고할만하다.

D. RIBD(랜덤불완전블럭계획법)

제2인자인 블록의 각 수준에 대해 제1인자의 모든 수준을 대응하기 어려운 경우에 일부만 적용한다면 이를 랜덤불완전블록계획이라고 한다. 그리고 제2인자인 블록의 불완전정도 수준을 고려해 랜덤균형불완전블럭계획법, 랜덤부분균형불완전블럭계획법으로 세분화된다.

E. 요인계획법

요인계획법은 각 인자사이의 상호작용을 함께 고려대상으로 삼고 있다는 점이 기존 계획법과의 차이점이다. 여기에서 상호작용은 '어느 한 가지의 효과가 다른 인자의 수준에 따라 변화하는 경우에 상호작용이 있다'라고 평가한다. 상호작용 효과는 각각의 제곱을 잔차평균제곱과 비교함으로써 결정한다. 반족이 있는 이원배치 실험계획을 수학으로 표현하면 $X_{ij} = \mu + a_i + b_j + (ab)_{ij} + \epsilon_{i(ij)}$이 된다.

여기에서 a_i와 b_j는 주효과가 되며 ab_{ij}는 상호작용의 크기가 된다. 따라서 가설의 설정에서 상호작용에 대한 가설을 추가하여야 한다.

이상의 결과를 요약, 정리한 분산분석표는 다음과 같다.

[표 3-10] 분산분석표

변동요인	자유도	제곱합	평균제곱합	F통계량
처리인자 A 처리인자 B(블럭) A×B	$a-1$ $b-1$ $(a-1)(b-1)$	SSBA SSBB SSBAB	$MSB_A = SSB_A/(a-1)$ $MSB_B = SSB_B/(b-1)$ $MSB_{AB} = SSB_{AB}/(a-1)(b-1)$	$\frac{MSB_A}{MSE}$ $\frac{MSB_B}{MSE}$ $\frac{MSB_{AB}}{MSE}$
오차항	ab(r-1)	SSE	$MSE = SSE/(n-a)$	
총합	$n-1$	SST		

- 요인계획법을 사용하기 위해서 많은 수의 측정값이 필요한데 이를 해결하기 위해서 블록을 조정하여 사용할 수 있다. 또한 사용되는 인자 수준에 대하여 고정효과 모형과 랜덤효과(변량효과) 모형을 구분하여 적용할 필요성이 있으며 이는 실험결과의 일반화와 직결되어 있다.

F. 다중비교법

a개의 모집단에 대한 평균이 모두 동일한 것은 아니라는 실험계획법의 귀무가설이 기각되었다면 평균값에서 차이를 보이는 한 개 이상의 평균을 찾아

야 할 것이다. 여기에서 모평균간의 차이를 검정하기 위한 기법을 다중비교법이라고 한다.

① LSD(Least-Significant Difference Test)

q-통계량을 사용하지 않고 t-통계량을 활용하며 일종 오류를 통제하는데 있어서 가장 관대한 통계량이라고 할 수 있다. LSD는 범위에 상관하지 않고 단지 두 실험요소간의 평균의 차에 대한 검정이기에 각 실험요소쌍의 평균의 차를 평균간의 차의 표준오차로 나누어 구한다. n이 k개의 실험요소마다 동일한 표본의 수이고 MS_W이 그룹 내 평균제곱 일 때 F통계량은 다음과 같다.

$$F_{\alpha 1, k(n-1)} = \frac{\overline{X}_{(j)} - \overline{X}_{(i)}}{\sqrt{2MS_W/n}}$$

F 통계량의 값을 $q= \sqrt{2F}$를 이용하여 q-통계량으로 변환시키면 다른 기준과 그 값을 직접 비교해볼 수 있다. 일반적인 t-분포표나 F-분포표를 이용하거나 표준화된 범위 통계량 표에서 인접범위의 값을 찾아 이를 전범위에 적용하면 된다.

LSD검정이 일명 보호된 t-검정이라고 불리는 이유는 LSD검정은 전체적인 귀무가설을 기각해야만 다음 단계로 진행할 수 있기 때문이다. 만일 전체적인 귀무가설이 5%의 유의수준에서 기각되었다면 다음 단계의 모든 쌍별 다중비교는 5% 유의수준에서 점검해야 한다. 또한 만일 전체적인 귀무가설이 1%의 유의수준에서 기각되었다면 다음 단계에서는 1% 이하의 유의수준에서만 검정이 이루어져야만 한다는 것이다. 즉 전체적인 귀무가설이 1%의 유의수준에서 이루어진 경우에 이러한 귀무가설이 기각되었으면 다음 단계에서 어떤 쌍의 다중비교가 5%의 유의수준에서 이루어진 경우라고 한다면, 이때 기각할 수 있다고 하여도 이를 유의적이라고 해석해서는 안된다는 것이다. 이러한 LSD검정을 보호된 t검정 혹은 제한된 LSD검정이라고 한다.

이러한 LSD검정의 제약으로 인하여 제약하지 않은 LSD검정을 사용할 것이 권고되기도 한다. 즉 일종오류를 범할 확률이 커진다는 것은 이종오류를 범할 확률이 작아진다는 의미이다. 그런데 실제 사회과학 분야에서 일종오류가 발생하는 상황보다는 이종오류가 발생할 수 있는 상황이 더욱 많기 때문에 이종오류를 통제하는 것이 더 중요하다는 주장이 되는 것이다.

② Student-Newman-Keuls Test

SNK검정은 Tukey의 HSD와는 달리 부분 귀무가설을 검정할 때 범위가 줄어듬에 따라서 임계치도 작아진다. 이는 (k-1)개의 평균이 있는 범위의 분산의 정도가 k개의 평균이 있는 범위의 분산보다 당연히 작아야 한다는 주장을 반영한 결과이다. 따라서 r개의 실험범위에 대한 귀무가설을 기각한 후에야 r개보다 적은 범위의 부분 귀무가설을 검정할 수 있다. 이 과정은 단 두 개의 범위만이 남을 때까지 지속적으로 이루어지게 된다. 그러나 일단 어떤 한 범위가 통계적으로 유의적이지 않으면 그 범위 내에 있는 그보다 적은 범위는 검정할 필요가 없다. SNK검정에서는 유의수준이 .05활용이 되고 있다.

그리고 HSD와는 달리 범위가 줄어들면 임계치도 줄어들어 HSD가 범위가 줄어들어도 동일한 임계치를 사용하여 좀 더 완화된 입장을 취하고 있는바에 비하여 좀 더 엄격한 사후검정 방법이라고 할 수 있다.

S-N-K검정은 비교할 범위가 작은 경우에, 범위 ≤ (그룹의 수-2)이 경우에 해당 범위의 임계치가 너무 작기 때문에 일종오류를 범할 확률이 높아진다. 이는 S-N-K검정이 각 범위의 비교에서 똑 같은 유의수준 α를 유지하고 있기 때문이다. 예를 들어 실험요소그룹이 4개인 경우, 다중비교 전체에 대해 유의수준 α를 유지하는 대신에 비교할 각각의 범위 4와 3과 2에 대해 α를 유지하여 각 범위마다 다른 임계치를 도출하여 비교하기 때문이다. 따라서 일종오류를 전체 다중비교에 대해 통제하기를 원하는 경우에 실험요소의 그룹 수가 4개 이상인 경우에는 S-N-K를 사용하지 말 것을 권고하기도 한다. 따라서 이러한 단점을 보완하기 위하여 등장한 것이

R-E-G-W F검정이나 R-E-G-W Q 검정도 이러한 예에 해당을 한다.

③ Duncan Test

Duncan은 HSD, SNK의 대안으로 기각력은 우수하지만 일종오류에 대한 통제는 떨어지는 방법을 제안하였다. Duncan Test는 귀무가설이 참인 경우에 귀무가설을 기각하는 오류를 범하지 않을 확률인 보호수준, 즉 신뢰수준을 정하고 이로부터 구한 유의수준을 사용한다. k개의 실험요소가 있는 경우에 범위가 k인 귀무가설의 보호수준은 $(1-\alpha)^{k-1}$이다. 이 경우에 유의수준은 $1-\{(1-\alpha)^{k-1}\}$이 사용된다. 일단 가장 넓은 범위(k)의 귀무가설을 기각하게 되면 부분 귀무가설의 보호수준은 $(1-\alpha)^{r-1}$이 된다. 여기에서 r은 부분귀무가설의 구간이 되며 r은 k보다 작은 수가된다.

Duncan test의 경우에도 Tukey b와 마찬가지로 최대범위를 대상으로 한 귀무가설을 기각한 후에만 부분귀무가설이 가능하고, 일단 한 범위가 유의적이지 않으면 그 범위 내에 있는 그보다 작은 범위는 검정할 필요가 없다.

④ Tukey의 Honestly Significant Difference Test

쌍별사후 다중비교 중에서 비교적 보수적으로 일종 오류를 통제하는 방법이기에 기각력(power of the test)은 다른 방법에 비해 뒤떨어진다. SNK, DUNCAN-검정은 범위가 줄어듦에 따라 그 값이 줄어드나 Tukey의 HSD는 모든 쌍별 비교에서 같은 임계치를 적용한다. HSD에서의 임계치는 SNK검정의 최대범위에 대한 값이다. Spss-win에서 적용 가능한 유의수준은 $\alpha=.05$ 뿐이다.

각 실험요소의 표본의 수가 동일한 경우에 사용하는 Tukey검정은 쌍별사후다중비교 중에서 비교적 보수적으로 일종오류를 통제하는 방법이기에 기각력은 다른 방법에 비해 뒤떨어진다. Tukey의 HSD는 모든 쌍별비교에서 같은 임계치를 적용한다. Tukey검정에서의 임계치는 S-N-K 검정의 최대범위에 대한 값과 동일하다.

$$q = \frac{\overline{x_i} - \overline{x_j}}{\sqrt{\frac{MS_W}{n}}}$$

그리고 100(1-α)%의 동시신뢰구산은 다음과 같다.

$$(\overline{x_i} - \overline{x_j}) \pm q_{\alpha,k,v}\sqrt{\frac{MS_w}{n}}$$

각 범위마다 동일한 값을 적용하는 Tukey HSD검정에서는 각 실험요소그룹별로 다른 그룹과의 쌍별 다중비교 결과를 보여준다. 각 그룹별로 다른 실험요소그룹의 평균과의 차이를 분석하여 주어진 유의수준에서 통계적으로 유의적이면 두 그룹간의 차이 다음에 '*'로 두 실험요소 간의 평균의 차이가 유의적임을 보이게 된다.

Tukey-Kramer검정이 Tukey 검정과 다른 점은 각 그룹마다 표본의 크기가 다르기 때문에 두 그룹의 조화평균을 이용한다는 점이다. 따라서 두 그룹간의 조화평균을 이용한 Tukey-Kramer검정에서는 q-통계량이 다음과 같이 약간 변화가 있게 된다.

$$q = \frac{\overline{x_i} - \overline{x_j}}{\sqrt{\frac{\frac{MS_W}{2}}{n_i^{-1} + n_j^{-1}}}} = \frac{\overline{x_i} - \overline{x_j}}{\sqrt{\frac{MS_W}{2}(n_i^{-1} + n_j^{-1})}}$$

그리고 100(1-α)% 동시신뢰구간은 다음과 같다.

$$(\overline{x_i} - \overline{x_j}) \pm q_{\alpha}, k, v\sqrt{\frac{MS_W}{2}(n_i^{-1} + n_j^{-1})} \longleftrightarrow$$

일반적인 자연과학의 수식에서는 A와 B가 같고 B와 C가 같다. 이면 A와 B와 C가 동일하다고 결론을 내릴 수 있을 것이다. 그러나 사회과학의 경우에는 이와는 상반되는 상황이 종종 발생하게 된다. 이러한 결과는 바로 분산분석에서 그 유형을 찾을 수 있는 것이다. 즉 A와 B가 다르지 않고 B와 C가 다르지 않으나 A와 C는 같지 않다는 모순된 상황이 가끔씩 나타나게 되는 것이다. 이러한 결과는 통계적 추론이 연구자가 수집한 자료를 바탕으로 모집단의 관계를 추정하기 때문에 발생한다고 보아야 할 것이다. 모집단에서는 분명히 같지 않으면 다르다고 보아야 할 것이다. 그러나 표본을 대상으로 쌍별로 분류한 경우에는 추정을 한 결과이므로 유의수준과 신뢰수준에 따라서 이러한 모순된 결과가 나타날 수 있는 것이다. 따라서 이러한 결과를 해석하는 방법은 의미 그대로 충분한 증거를 보이지 않은 결과로 해석하면 되는 것이다. 즉 다르다고 하기에는 충분한 증거를 보이지 않았으므로 표본의 수를 좀 더 증가시켜 다시 분석해야만 하는 것이다. 표본을 증가시키면 표준오차는 작아지기에 표본을 증가시킨 후에도 같은 차이를 보인다면 평균이 같다는 귀무가설을 기각할 충분한 증거를 보일 가능성은 증가하기 때문이다. 만일 더 이상 표본을 추가할 수 있는 상황이 아니라고 한다면 이처럼 모순이 되는 부분은 해석에서 제외하고 모순되지 않는 부분만을 해석의 대상으로 삼아야 할 것이다.

⑤ Scheffe Test

Scheffe Test는 쌍별사후다중비교 뿐만 아니라 탐색적 사후다중비교에서도 요긴하게 사용될 수 있는 통계량이다. 쌍별사후다중비교에서 연구자가 일종오류를 가장 엄격하게 통제하기를 원하는 경우에 사용하는 통계량이다. α=.05에서 Scheff ė Test의 임계치는 k개의 실험요소마다 n 개의 표본이 있는 경우에 다음과 같다.

$$F_{SCHEFFE} = (k-1)F_{\alpha,(k-1)k(}n-1)$$

이에 대한 q=통계량은 $q=\sqrt{2F_{scheffe}}$ 이다. 이러한 검정 통계량을 바탕으로 쌍별다중비교에서 검종통계량 q_r이 $q_{scheffe}$보다 클 경우에 귀무가설을 기각한다.

⑥ 수정 LSD Test

Fisher에 의해서 제안된 다른 형태의 방법이 수정된 LSD방법이다. LSD 방법이 너무 관대하여 일종 오류를 통제하기에 이 단점을 보완하여 Scheffe

의 임계치보다는 작으나 다른 기준에 의해서는 엄격한 통계량을 적용하는 방법이 MODLSD방법이다.

k개의 실험요소가 있는 경우에 모두 k(k-1)/2개의 쌍별비교가 가능하다. k(k-1)/2개의 모든 비교에 적용되는 유의수준 α를 적용한 경우에 각 개별의 유의수준은 $\alpha_m = \alpha / \{k(k-1)/2\}$이고, k(k-1)/2개 전체의 유의수준은 가장 클 때의 α가 된다.

이때의 임계치는 $t_{MODLSD} = t_{\alpha m, k(n-1)}$인데 유의수준 α_m은 $\alpha_m = \frac{\alpha/2}{k(k-1)/2} = \frac{\alpha_\alpha}{k(k-1)}$가 된다.

여기에서 언급한 다중비교방법들은 이론적으로 어떤 분석방법이 더욱 뛰어나다고 볼수는 없다. 그러나 귀무가설의 기각역에 있어서는 LSD, DUNCAN 테스트가 상대적으로 크고, Tukey 테스트가 상대적으로 작다.

G. 블럭 실험

실험계획에서 공간적으로 분할하여 블록을 만들면 블록 내에서 실험 환경이 균일해지고 이에 다라 정확도가 높아지게 된다. 이를 통칭하여 블록실험이라고 한다. 통상적으로 실험날짜가 정해져 있으면 날짜로 블록을 정하기도 하고 실험대상이 원자재 등으로 lot이 정해져 있는 경우에는 lot을 바탕으로 블록을 정한다.

블록 실험의 유형은 모수모형, 랜덤(변량)모형, 혼합모형으로 구분되며 수식으로 표현하면 다음과 같다.

i) 모수모형: $Y = \beta_0 + \beta_1 X_1 + \beta_2 X_2 + \beta_{12} X_1 X_2$

ii) 변량모형: $Y = \alpha_0 + \alpha_1 B_1 + \alpha_2 B_2$

iii) 혼합모형: $Y = \beta_0 + \beta_1 X_1 + \beta_2 X_2 + \beta_{12} X_1 X_2 + \alpha B$

여기에서 모수인자인 X_1, X_2는 기술적으로 미리 정해진 수준이 사용되고 각 수준이 기술적인 의미를 가지고 있는 인자로 현장에서의 온도, 습도 등이 해당된다. 반면에 변량요인이 B_1, B_2은 수준의 선택이 부작위로 이루어지며 각 수준이 기술적인 의미를 가지지 못하는 경우인데 시간이나 lot등이 이에 해당한다.

h. 라틴정방계획(Latin Square Design)

라틴정방계획은 방향성을 갖는 두 요인의 변동을 제거하기 위한 목적으로 사용된다. 예를 들어 5가지 농약 A, B, C, D, E가 농산물 산출에 미치는 효과를 파악하기 위해 일정크기를 농지를 중심으로 각 농지에 선을 그어 25개의 실험공간을 확보하게 된다. 이 배열에서 각 행과 열에서 실험 처리가 각 한 번씩만 나타나고 있는데 만일 농지의 습도가 행별로 차이가 있고 비옥도가 열에 따라 변화한다고 가정한다면 계획법의 변화가 불가피하다. 즉 산출물의 변화는 라틴정방계획으로 제거할 수 있는 것이다.

여기에서 농산물의 산출에 영향을 미치는 5가지 농약의 효과를 파악하는 것인데, 각 실험공간에 두 방향의 비옥도 차이가 존재한다면 두 방향으로 비옥도 차이를 행 블록과 열 블록으로 잡아서 비옥도가 농산물 산출에 미치는 방향을 제거한 다음 농약의 효과를 파악할 수 있을 것이다. 이를 표로 나타내면 다음과 같다.

[표 3-11] 라틴정방계획자료

	1	2	3	4	5
a	A	B	C	D	E
b	C	D	E	A	B
c	E	A	B	C	D
d	B	C	D	E	A
e	D	E	A	B	C

이러한 라틴정방계획은 인자간의 상호작용이 무시될 정도로 작은 경우에 적은 실험횟수로 주 효과에 대한 분석을 수행하고자 하는 경우에 사용된다. 이 경우의 일반화된 분석표는 다음과 같이 정리된다.

[표 3-12] 분산분석표

변동요인	자유도	제곱합	평균제곱합	F통계량
R(행블럭) C(열블럭) Trt(실험)	$p-1$ $p-1$ $p-1$	SSBR SSBC SSBTRT	MSB_R MSB_C MSB_{TRT}	$\frac{MSB_{TRT}}{MSE}$
오차항	$(p-2)(p-1)$	SSE	MSE	
총합	$n-1$	SST		

주의할 것은 정방계획에서는 요인의 행블럭과 열블럭의 요인수준이 동일해야만 한다.

다구찌 품질공학

다구찌(Taguchi)는 제품의 출하시점에서 성능특성치의 변동과 부작용 등으로 인하여 사회적 손실이 발생하게 되고 이를 품질이라고 보았다. 따라서 최고의 품질수준은 사회적 손실을 고려하였을 때 손실비용이 0이어야 하며 나쁜 품질은 손실금액이 그만큼 커진다고 보았다.

① 설계 단계에서의 품질관리 중시: 완성된 제품의 품질은 성능특성치에 의해 좌우된다고 본다.

② 품질특성치의 종류에 따라서 다양한 품질함수가 나타난다.

망목특성: 특정한 목표치가 주어져 있는 경우이며 길이, 무게 등의 일정한 목표가 있는 경우이다.

망소특성: 작을수록 좋은 경우로 진동, 소음, 불량률과 같은 목표에 해당된다.

망대특성: 클수록 좋은 경우로 강도, 수명, 연비 등이 해당한다.

여기에서 k_1은 $\frac{A}{\Delta^2}$를, k_2는 $A\Delta^2$를 의미한다.

손실함수를 그래프로 나타내면 망목특성과 암소, 망대특성에 따라서 상이하게 나타나게 된다.

[표 3-13] 손실함수의 비교

특성치	손실함수(L(Y))	기대손실(L)	기대손실에 대한 추정값
망목특성	$k_i(y-m)^2$	$k_i[\sigma^2+(\mu-m)^2]$	$k_1[V+\bar{y}-m)^2]$
망소특성	k_1y^2	$k_1(\sigma^2+\mu^2)$	$k_1[V+(\bar{y})^2]$
망대특성	$k_2(\frac{1}{y^2})$	$k_2(\frac{1}{\mu^2})(1+\frac{3\sigma^2}{\mu^2})$	$k_2(\frac{1}{y^2})(1+\frac{3V}{\bar{y}^2})$

[그림 3-16] 망목특성의 손실함수

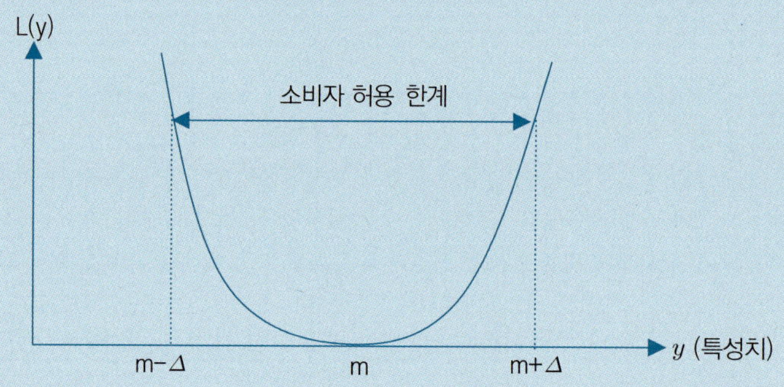

[그림 3-17] 망소특성과 망대특성의 손실함수

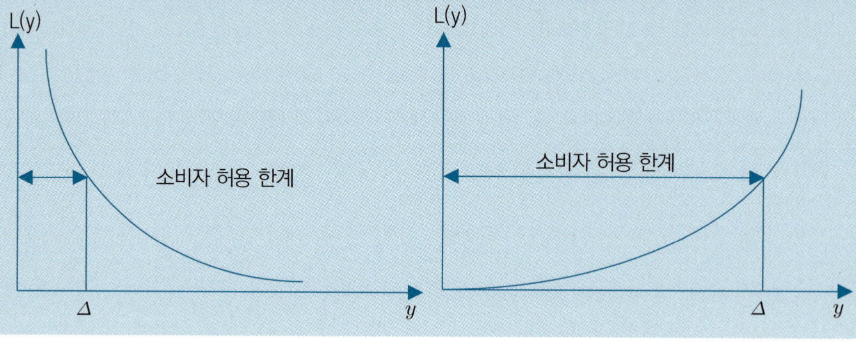

A. 잡음의 의미와 활용

- 제품의 성능에 영향을 미치는 요소는 통제가 가능한 설계변수와 통제가 어렵고 발견도 용이하지 않은 잡음으로 구분된다. 잡음은 외부잡음, 내부잡음, 제품간 잡음으로 나뉜다.

B. 잡음의 제거기능

- 잡음제거는 대부분 설계, 생산기술을 공정에 적용하는 단계에서 이루어지게 되는데 온라인 품질관리와 오프라인 품질관리를 구분하여 잡음제거 방법은 다음과 같이 정리된다.

[표 3-14] 품질관리 형태별 잡음대응 유형

구분	품질관리 기능부서	활동	잡음대응	잡음 유형		
				외부잡음	내부잡음	제품간 잡음
온라인 품질관리	생산	공정관리, 설계	공정에 대한 통제	×	×	◎
			품질수준의 예측	×	×	◎
			검사활동	×	×	◎
	판매	CRM	판매후 서비스	×	△	△
오프라인 품질관리	설계	제품설계	시스템 설계	◎	◎	◎
			패러미터 설계	◎	◎	◎
			허용차 설계	●	◎	◎
	생산활동	공정설계	시스템설계	×	×	◎
			패러미터 설계	×	×	◎
			허용차 설계	×	×	◎

- 여기에서 온라인 품질관리는 제품 혹은 서비스의 생산에서의 품질과 원가관리를 위한 기술적 도구를 이용하고 오프라인 품질관리는 제품 혹은 서비스와 공정의 설계에서의 기술적 도구를 이용하는데 차이점을 가진다.

C. 제품설계의 단계

- 제품설계의 진행과정은 3단계로 구성된다. 1단계인 시스템설계에서는 기본적인 기능적 원형의 설계를 만들이 위한 과학적 엔지니어링 및 기술적 지식의 응용에 해당된다. 2단계인 패러미터 설계에서는 변동의 원천에

대한 설계의 민감도를 감소시키는 제품 혹은 공정의 패러미터 설정 단계이다. 마지막 3단계인 허용차 설계에서는 패러미터 설계 단계에서 확인된 명목값과 허용차를 결정하게 된다.

D. 실험계획법의 활용

- 다구찌 품질공학에서는 제품 품질속성의 변동을 감소시킬 제품 및 공정 패러미터 설정을 찾기 위해서 통계적으로 계획된 실험을 이용하고자 하였다. 제품 속성 수준을 결정짓는 두 범주를 설계 패러미터와 소음의 원천으로 나누어 접근하였다. 설계 패러미터의 명목값 설정은 제품과 공정의 명세로 구체화된다. 그리고 소음의 원천은 성취특성을 목표 값으로부터 변동시키는 모든 변수들이 된다. 소음의 원천은 곧 변동의 원천이 되는 것으로 이들을 확인하기 위해 실험을 하게 되며 이를 통해 소음요인의 영향력을 최소화할 수 있다고 믿었다.

5 프로젝트 관리(Control)

Control 단계에서는 개선결과를 지속적으로 유지관리하기 위한 목적으로 관리계획을 수립하고 실행하는 단계이다. 구체적인 관리요소에 대한 효과적 적용이 이루어졌다고 판단되면 프로젝트의 완료와 현업에의 적용으로 이어지게 된다. 관리 단계에서 활용하는 도구와 기법으로는 관리도, FMEA, Gage R&R, ISO 9000시리즈 등이 있다.

관리 단계의 의미

관리단계에서는 개선결과를 지속화하는데 목적을 둔다. 여기에서 가장 중요한 사항은 개선안이 현장에서 올바르게 정착, 운영되고 있는지 파악하고 실험에서의 개선결과가 그대로 지속되도록 보완하는 것이다. 따라서 적절한 관리계획을 수립하고 실행, 문서화하고 조직내에 정보를 공유하는 과정이 필요하다. 결국 이러한 과정은 품질관리에서의 PDCA 사이클과 그 의미가 동일하다고 볼 수 있다.

[표 3-15] PDCA 사이클

A	P
문제점 수정. 지속적 개선을 위한 보완	새로운 실험결과의 현장실행계획수립
C	**D**
성과실적을 기준으로 평가, 비교한다.	개선안을 현장에 적용하고 데이터를 수집

관리단계의 필요성은 관리활동을 통해 품질문제를 해결하여 불량률을 혁신적으로 감소시킬 수 있다는 점에 크게 기인한다. 아울러 다양한 loss를 줄이고 생산성을 향상할 수 있는 기틀을 제공한다. 그 외에도 납기준수, 내부고객의 만족도 상승, 공정능력의 향상을 기대할 수 있다.

관리도

품질특성의 변동에 대하여, 공정이 안정되어 있을 때에는 분산도가 낮고 통계학적으로 안정상태가 유지된다. 그러나 원자재의 문제, 작업자 훈련부족 등으로 인해 공정에 이상이 발생할 수 있으며 이때 분산도가 커진 상태를 불안정상태라고 한다. 관리도는 공정의 관리 상태와 품질수준을 파악하기 위한 그래프로서 관리한계를 구하고 측정된 시료들을 바탕으로 관리 상태를 측정하게 된다.

[그림 3-18] 품질특성에 대한 변동

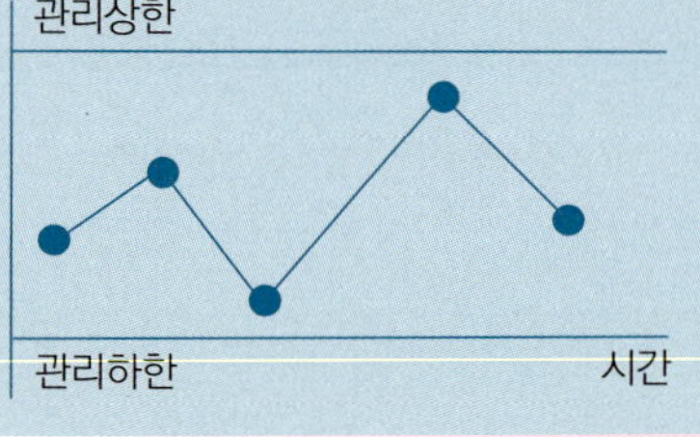

A. 관리도의 원리

관리도에서는 품질변동에 대한 확률분포를 바탕으로 관리한계 즉 관리상한과 관리하한을 두고 공정에서의 시료를 바탕으로 측정된 통계량이 관리한계선 내로 들어오면 공정이 안정 상태에 있다고 평가하며 그렇지 않고 관리상한이나 관리하한 밖으로 위치하면 관리되지 않은 상태로 평가한다.

- 공정상태를 파악하기 위한 목적이라면 공정해석용 관리도라고 하며, 공정을 안정상태로 유도하기 위한 목적이라면 공정관리용 관리도라고 칭한다.

- 우연요인: 표준화된 조건에서 생산활동이 이루어진다고 하여도 피할 수 없는 변동원인으로 시스템 고유의 원인이기 때문에 공통원이라고도 부른다.
- 이상요인: 작업자 오류, 원자재 불량과 같은 원인으로 피할 수 있는 원인을 의미한다. 이 원인은 품질변동과 같이 외부변화에 기인하는 요인이다. 이러한 이상요인에 의해 발생하는 품질문제는 단기적이거나 산발적으로 발생하는 경우이다.

B. 공정한계

공정변동의 원인이 우연요인에 의해서만 이루어지고 있다면 공정은 정상상태 혹은 관리 상태에 있다고 보아야 하며, 이때 품질수준은 신뢰성 있는 수준으로 보아 안정된 모수를 지속적으로 보이는 것으로 평가한다. 그러나 이상요인에 의한 공정의 변화가 발생하고 있다면 일정한 모수를 기대할 수 없다. 생산 공정의 이상 유무는 시료의 확률분포가 일정한 수준을 유지하고 있는가를 파악함으로써 진단할 수 있다.

- 관리도에서 공정이 안정 상태에 있을 때, 품질특성치의 평균수준을 중심선(CL)이라 칭하고 통상적으로 중심선으로부터 $\pm 3\sigma$ 떨어진 관리한계선을 각각 관리상한선(UCL), 관리하한선(LCL)이라고 한다.

[그림 3-19] 관리도의 기본형태

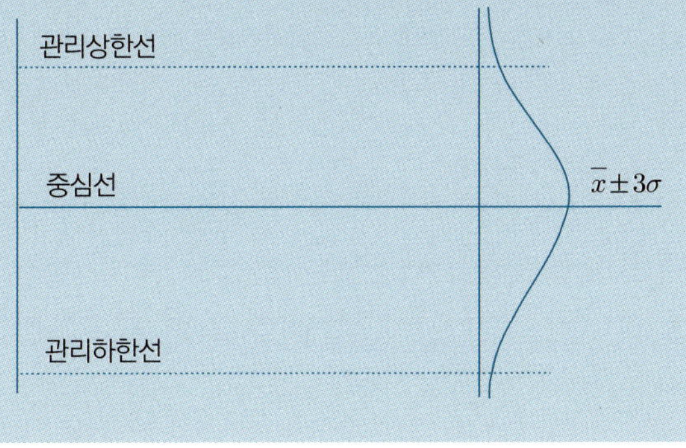

C. 관리도의 종류

가. 계량치 관리도

- $\overline{X}$ 관리도: 시료의 평균을 기록하는데 사용되며 통상적으로 R 관리도나 σ관리도와 함께 사용된다.
- R 관리도: 시료의 범위값을 바탕으로 산포도를 통제하고자 할 때 사용되며 $\overline{X}$ 관리도와 함께 사용된다.
- σ관리도: 산포를 통제하는데 R 관리도와의 차이점은 표준편차를 이용하여 관리도의 중심선과 관리한계선을 계산하게 된다.

나. 계수치 관리도

- p관리도: 공정 산출물의 불량비율에 대한 결과를 관리하기 위한 목적으로 작성
- np관리도: 불량률에 발생빈도를 곱한 것으로 불량개수관리도라고도 부르며 시료의 크기 n이 일정하고 불량률 대신 불량품 개수를 관리대상으로 한다는 점에서 차이가 있다.
- c 관리도: 그룹내의 단위수가 일정한 경우에 품질의 결점수를 관리하기 위한 목적으로 작성된다.
- u 관리도: 그룹내의 단위수가 일정하지 않은 경우에 결점수를 관리하기 위한 목적으로 작성된다.

D. $\overline{X}$ 관리도

품질특성의 평균이 안정 상태에 있는가를 파악하기 위한 목적으로 작성되며 시료들의 표본평균을 바탕으로 관리한계를 벗어남의 유무, 모양을 통해 평균의 변화를 진단하게 된다.

- 관리한계: $\mu \pm 3\frac{\sigma}{\sqrt{n}}$
- 표본평균을 바탕으로 작성된 표본평균의 평균($\overline{\overline{X}}$)는 모평균의 추정치로 사용되며(중심극한의 정리) 관리도의 CL이 된다. 그리고 표본 범위들의 평균($\overline{R}$)은 σ의 추정치가 된다.

- 따라서 모평균은 $\bar{\bar{X}}$로 추정되고 σ는 $\frac{\bar{R}}{d_2}$로 추정되기에 관리한계를 정리하면 다음과 같다.

$$\bar{\bar{x}} \pm \frac{3}{\sqrt{n}}(\frac{1}{d_2})\bar{R}$$

여기에서 $\frac{3}{\sqrt{n}}(\frac{1}{d_2})$는 A_2라는 계수표로 정리하여 사용되고 있다.

따라서 $\bar{X}$관리도의 중심선과 관리한계를 정리하면 다음과 같다.

중심선 : $\bar{x}$

관리상한과 관리하한 : $\bar{\bar{x}} \pm A_2\bar{R}$

제시된 자료는 공정중의 생산품목 길이를 관리하기 위한 목적으로 시료를 측정한 자료이다.

[표 3-16] $\bar{X}$ 관리도 작성을 위한 측정 자료

표본번호	관측치					표본번호	관측치				
1	8	8	7	9	10	11	9	8	9	9	10
2	8	7	9	8	7	12	10	9	9	8	7
3	8	9	7	8	4	13	10	8	7	12	6
4	8	9	9	8	7	14	9	8	9	9	8
5	10	9	11	8	4	15	8	9	9	9	10
6	9	8	7	8	8	16	8	9	9	10	10
7	8	8	8	9	5	17	9	9	8	9	9
8	7	8	9	7	8	18	12	5	8	9	7
9	10	8	9	7	10	19	8	9	9	7	8
10	9	8	9	7	10	20	8	9	7	10	10

이상의 시료결과를 바탕으로 관리한계를 구하고 자료를 관리도 상에 표기하기로 한다. 여기에서 표본평균과 범위를 계산하면 다음과 같다.

[표 3-17] $\overline{X}$ -R 관리도 작성을 위한 범위 계산

표본 번호	관측치					표본 평균	범위	표본 번호	관측치					표본 평균	범위
1	8	8	7	9	10	8.4	3	11	9	8	9	9	10	9.0	2
2	8	7	9	8	7	7.8	2	12	10	9	9	8	7	8.6	3
3	8	9	7	8	4	7.2	5	13	10	8	7	12	6	8.6	6
4	8	9	9	8	7	8.2	2	14	9	8	9	9	8	8.6	1
5	10	9	11	8	4	8.4	7	15	8	9	9	9	10	9.0	2
6	9	8	7	8	8	8.0	2	16	8	9	9	10	10	9.2	2
7	8	8	8	9	5	7.6	4	17	9	9	8	9	9	8.8	1
8	7	8	9	7	8	7.8	2	18	12	5	8	9	7	8.2	7
9	10	8	9	7	10	8.8	3	19	8	9	9	7	8	8.2	2
10	9	8	9	7	10	8.6	3	20	8	9	7	10	10	8.8	3

전체 평균은 8.39가 되며 범위의 평균은 3.1이 된다. 이러한 결과를 바탕으로 관리한계를 계산하면 다음과 같다. 여기에서 n=5에서 A_2=.577이다.

UCL=8.39+.577(3.1) = 10.17

LCL=8.39−.577(3.1) = 6.60

중심선=8.39

- $\overline{X}$관리도의 불안정이 발생하는 원인
  - ① 평균의 급격한 변화: 생산준비과정의 오류
    - 미숙련 작업자의 고용
    - 원자재의 변화
    - 부품의 고장
  - ② 자기상관관계: 설비의 마모 진행
    - 작업장 환경의 점진적 변화
  - ③ 주기현상: 원자재의 계절적 특성 변화
    - 온도와 습도의 주기적 변화
    - 작업자의 정기적 순환 근무

E. R 관리도

R 관리도에서는 품질특성의 분산도를 측정하여 공정의 안정상태 유무와 그 적절성을 판단하게 된다.

통상적으로 R 관리도는 $\overline{X}$관리도를 보완하기 위한 목적으로 활용되고, 모평균에 이상이 발생하지 않았다고 하더라도 분산도에서 큰 수치를 보이게 되면 표본평균은 이상한 수치들이 다수 나타나게 된다는 점을 고려하여 작성한다.

- R 관리도의 불안정이 발생하는 원인

① 평균의 급격한 변화: 미숙련 작업자의 고용
투입된 원자재의 변화가 심각한 수준
설비의 마모도가 진행

② 추세현상: 작업자의 능력 향상
작업장 환경의 점진적 변화
작업자의 피곤 증가

③ 주기현상: 휴식 전후의 차이발생
작업자의 정기적 순환

[표 3-18] R 관리도의 관리한계

중심선 : $\overline{R}$
관리상한 : $D_4\overline{R}$
관리하한 : $D_3\overline{R}$

앞의 $\overline{X}$관리도 작성에서의 예를 적용한다면 관리한계는 다음과 같다. 우선 범위의 평균($\overline{R}$)은 3.1이며 n=5일 때 $D_4$2.114이고 D_3는 0이므로 다음과 같이 정리된다.

UCL: 2.114×3.1=6.553

LCL: 0

CL: 3.1

[표 3-19] 관리한계 산정을 위한 계수표

표본크기 n	$\overline{X}$ 관리도	R 관리도		시그마 추정치
	A_2	D_3	D_4	d_2
2	1.880	0.000	3.267	1.128
3	1.023	0.000	2.575	1.693
4	0.729	0.000	2.282	2.059
5	0.577	0.000	2.114	2.326
6	0.483	0.000	2.004	2.534
7	0.419	0.076	1.924	2.704
8	0.373	0.136	1.864	2.847
9	0.337	0.184	1.816	2.970
10	0.308	0.223	1.777	3.078

(표 상단 공통 머리글: 관리한계 산정을 위한 계수)

F. p관리도

공정중의 산출물이 양품과 불량품으로 구분되는 경우에, 공정으로부터 정기적으로 확보된 시료들로부터 표본불량률(p)를 계산하여 도표의 형태로 나타낸 것으로 시료의 측정치들이 관리한계를 벗어나게 되면 모집단의 불량률은 p수준을 벗어나는 것으로 판단하게 된다.

[표 3-20] p관리도의 관리한계

중심선 : $\bar{p}$

관리상한 : $\bar{p}+\sqrt{\frac{\bar{p}(1-\bar{p})}{n}}$

관리하한 : $\bar{p}-\sqrt{\frac{\bar{p}(1-\bar{p})}{n}}$

다음의 예를 바탕으로 p관리도를 작성해본다. 일정 시간마다 임의적으로 제조되고 있는 시계 모터가 규격에 적합한지를 파악한다. 따라서 매일 일정시점에 100개의 표본을 조사하게 된다.

[표 3-21] p 관리도 작성을 위한 자료

표본번호	표본크기	불량개수	불량률(p)	표본번호	표본크기	불량객수	불량률(p)
1	100	8	.08	11	100	1	.01
2	100	4	.04	12	100	2	.02
3	100	5	.05	13	100	3	.03
4	100	2	.02	14	100	4	.04
5	100	4	.04	15	100	5	.05
6	100	5	.05	16	100	4	.04
7	100	2	.02	17	100	7	.07
8	100	2	.02	18	100	3	.03
9	100	3	.03	19	100	2	.02
10	100	8	.08	20	100	8	.08

따라서 $\bar{p}$ 는 전체 불량개수 82개를 고려하여 .041이 된다. 따라서 관리한계를 다음과 같이 계산된다.

$$\text{UCL: } \bar{p}+3\sqrt{\frac{\bar{p}(1-\bar{p})}{n}} = .041+3\sqrt{\frac{.041(1-.041)}{100}} = .1004$$

$$\text{LCL: } \bar{p}-3\sqrt{\frac{\bar{p}(1-\bar{p})}{n}} = .041-3\sqrt{\frac{.041(1-.041)}{100}} = 0$$

음수가 나타나는 경우에는 음수의 불량률이 존재할 수 없다는 점을 고려해 0으로 처리한다.

CL: .041이 된다.

G. np관리도(불량개수 관리도)

불량품의 개수에 대한 관리도로써 n은 항상 동일한 경우(동일하다고 가정)에 사용된다. 관리도에 표시하는 과정이 상대적으로 수월하기 때문에 사용의 빈도가 높다고 할 수 있다. 여기에서 불량의 발생은 이항분포를 활용하여 작성된다.

불량품 개수(이항분포의 기댓값) = n(표본의 크기) × p(불량률)

불량품 개수에 대한 표준편차 = $\sqrt{np(1-p)}$

np관리도의 관리한계는 다음과 같다.

[표 3-22] np관리도의 관리한계

중심선 : $n\bar{p}$

관리상한 : $n\bar{p}+3\sqrt{n\bar{p}(1-\bar{p})}$

관리하한 : $n\bar{p}-3\sqrt{n\bar{p}(1-\bar{p})}$

앞의 p관리도에서와 같이 시계모터의 불량수준을 고려하여 관리한계를 계산해보자. 우선 표본비율의 평균을 구하면 다음과 같다.

$\bar{p}$ =.041 따라서 중심선은 $n\bar{p}$ = 100(.041) = 4.1 이고

$$\text{UCL}: n\bar{p}+3\sqrt{n\bar{p}(1-\bar{p})} = 100(.041)+3\sqrt{(100(.041)(1-.041)}$$
$$= 4.1+5.94 = 10.04$$
$$\text{LCL}: n\bar{p}-3\sqrt{n\bar{p}(1-\bar{p})} = 100(.041)-3\sqrt{(100(.041)(1-.041)}$$
$$= 4.1 - 5.94 = 0$$

여기에서 불량품은 음수가 나올 수 없으므로 관리하한에서 음수가 나오는 경우에는 0으로 처리한다.

H. 결점수 관리도(C관리도)

c관리도에서는 제품과 서비스 운영상에서 발견되는 결점의 수를 대상으로 관리도를 작성한다. 여기에서 제품과 서비스는 단위는 일정하다고 가정한다. 불량개수 관리도와는 달리 일정 범위내에서의 결점수만을 대상으로 하고 있어 포아송 분포를 적용하게 된다.

따라서 결점수의 기대값(평균)은 C 결점수의 표준편차는 $\sqrt{C}$로 정리된다. 또, c관리도에서의 간리한계선은 결점수인 c가 알려져 있는 경우에 다음과 같다.

$$\text{UCL}: c+3\sqrt{c}$$
$$\text{LCL}: c-3\sqrt{c}$$

그러나 현실적으로 정확한 c를 안다는 것은 불가능하므로 과거 자료를 바탕으로 추정된 c 즉 $\bar{c}$를 활용하게 된다. 최종적으로 관리한계는 다음과 같다.

[표 3-23] c관리도의 관리한계

중심선 : $\bar{c}$

관리상한 : $\bar{c}+3\sqrt{\bar{c}}$

관리하한 : $\bar{c}-3\sqrt{\bar{c}}$

예를 들어 다음의 경우에서 c관리도를 작성해본다. 어떤 제품의 검사단계에서 20대를 검사한 결과 결점수가 다음과 같이 파악되었다.

중심선은 $\bar{c}$ = 2.3

UCL: $\bar{c}+3\sqrt{\bar{c}}$ = 2.3+3 $\sqrt{2.3}$ = 6.85

LCL: $\bar{c}-3\sqrt{\bar{c}}$ = 2.3 −3 $\sqrt{2.3}$ = −2.24 이므로 0으로 처리된다.

이러한 결과를 관리도로 나타내면 [그림 3-20]과 같으며 전체 검사공정은 관리 상태에 있는 것으로 파악된다.

[표 3-24] 검사단계에서의 결점수

시료번호	결점수	시료번호	결점수
1	1	6	3
2	3	7	2
3	4	8	1
4	2	9	3
5	2	10	2

[그림 3-20] 제품결함수에 대한 c관리도

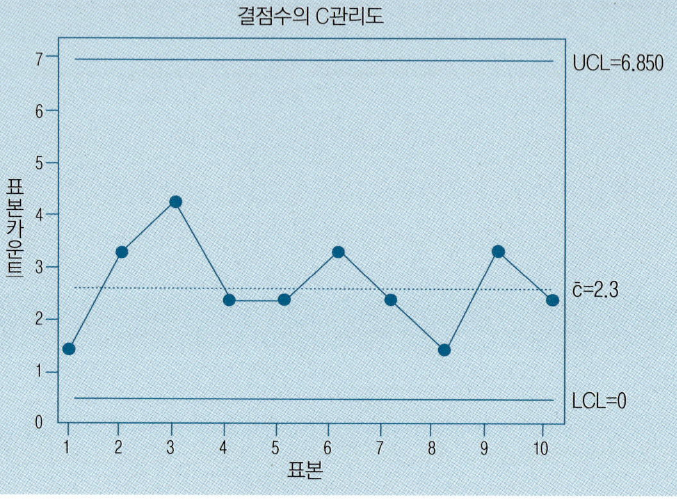

I. 단위당 결점수 관리도(u관리도)

u관리도는 단일제품이나 제품군의 결점수를 파악하는 경우에 작성되는 관리도이다. 여기에서 단위당 결점수인 u는 결점수 c를 제품개수인 n으로 나누어 계산한다. 앞서 살펴본 관리도들과의 차이점은 n이 수시로 바뀔 수 있다는 것이다. 이상의 내용을 수식으로 정리하면 다음과 같다.

단위당결점수$(u) = \dfrac{c}{n}$

u의 분포를 r고려한다면 평균은 $\dfrac{C}{n}$ 즉 $\bar{u}$가 되며,

표준편차는 $\sqrt{\dfrac{\bar{u}}{n}}$ 이 된다. 이를 바탕으로 관리한계를 구하면 다음과 같다.

[표 3-25] u 관리도의 관리한계

중심선 : $\bar{u}$
관리상한 : $\bar{u}+3\sqrt{\dfrac{\bar{u}}{n}}$
관리하한 : $\bar{u}-3\sqrt{\dfrac{\bar{u}}{n}}$

다음의 예를 바탕으로 u 관리도를 작성해본다. 어떤 공정에서 랏의 크기가 계속 변화하는 경우에 총 20회 동안 시료들을 수집, 측정하여 n개의 표본 중에서 각각 결점수를 확인한 결과가 다음과 같다.

[표 3-26] u 관리도 작성을 위한 자료

표본번호	표본크기	불량개수	단위당 결점수 (u)	표본번호	표본크기	불량객수	단위당 결점수 (u)
1	25	78	3.12	11	30	81	2.7
2	20	42	2.1	12	20	62	3.1
3	20	56	2.8	13	25	63	2.52
4	25	82	3.28	14	25	64	2.56
5	30	84	2.8	15	20	65	3.25
6	15	55	3.67	16	25	54	2.16
7	20	52	2.6	17	25	67	2.68
8	20	62	3.1	18	25	63	2.52
9	20	53	2.65	19	30	52	1.73
10	20	68	3.4	20	25	68	2.72

이 경우의 u 관리도의 관리한계는 다음과 같다. 우선 중심선은 $\overline{u}$이므로 2.73이고 관리상한은 3.72, 관리하한은 1.74로 계산되고 있으나 u 관리도의 특징이 시료의 크기가 변화하는 것이므로 n에 따라서 그 크기가 변화하게 된다. 관리상한은 $\overline{u}+3\sqrt{\frac{\overline{u}}{n}}$ 은 이므로 $2.73+3\sqrt{\frac{2.73}{n}}$ 이 되고, 관리하한의 경우에는 $2.73-3\sqrt{\frac{2.73}{n}}$ 가 된다. 따라서 n이 20인 경우에 관리상한과 관리하한이 각각 $2.73+1.108$로 3.838, 2.73-1.108로 1.622 이 된다. 만약 n이 25인 경우에는 관리상한이 2.73+0.9913으로 3.721, 관리하한이 2.73-0.9913으로 1.738이 된다.

여기에서 c관리도와 u관리도는 그 유사성으로 인하여 사용에의 혼란이 나타날 수 있다. 이때 가장 중요한 판단기준은 표본단위인 n이 일정한가로 판단할 수 있다. 표본크기가 일정한 경우에는 c관리도가 적절하며 그렇지 않은 경우에는 u관리도를 사용해야 한다.

[그림 3-21] 결함수에 대한 u관리도

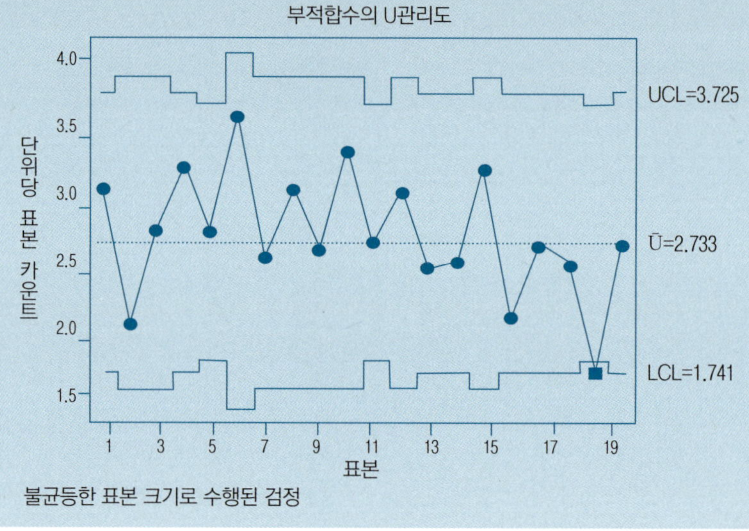

FMEA

Failure Mode and Error Analysis는 프로세스의 예상된 결과가 나타나지 못하는 요인들을 구체적으로 설계단계에서 분석하고자 실시된다. 이는 분석 팀에게 많은 잠재적인 오류를 파악할 수 있고 사전 대처 능력을 확보하는데 기여한다. 일반적으로 품질관리 단계에서 기대하는 FMEA의 효과는 다음과 같다.

ⓐ 고객만족도의 증가

ⓑ 위험을 줄이기 위한 행동을 추적, 기록

ⓒ 프로세스의 개선 우선순위의 설정

ⓓ 품질의 개선과 신뢰도의 상승

- Poka Yoke는 주로 작업장의 안정성을 유지하기 위해 활용되는 Fool Proofing

장치들을 통칭하는 의미이다. 주로 작업자가 공정에 포함되어 실행되는 반복 작업에서 활용되고 있으며 실수의 예측가능성이 상대적으로 높은 공정에서 주로 활용된다. 예를 들어 중립기어에서 자동차의 시동이 걸리지 않는다든지 약병의 열림 방지캡이 이에 해당한다.

Control의 실행

Control 활동을 예정대로 적절히 수행하기 위해서는 프로세스의 상태를 확인하고 관찰하는 활동이 요구된다. Control 단계에서의 주된 활동들은 다음과 같다.

ⓐ 프로세스를 관찰하여 프로세스의 안정성과 Big Y의 실행가능성을 진단한다.
ⓑ 프로세스의 개선 이후에 안정적인 성과 실현이 지속될 것인가를 판단한다.
ⓒ 관리절차를 문서화 등의 방법을 통해 매뉴얼화 한다.

여기에서 표준화는 프로세스의 활동이 안정적으로 수행될 수 있도록 조직내부의 약속을 기하는 것이다. 관리활동에서의 표준화가 중요한 것은 다음의 이유 때문이다.

ⓐ 프로세스의 개선안이 안착하기가 쉽지 않고 과거로의 회귀가 발생할 수 있다.
ⓑ 일정한 개선성과가 나타나지 않을 수 있다.
ⓒ 신규인력의 교육과정에서 원활한 커뮤니케이션이 가능하다.

표준화된 결과를 제시하기 위해 가장 보편적으로 사용하는 방법은 문서화이다. 문서화과정을 통해 프로젝트의 수행과정을 정리할 수 있을 것이다. 프로젝트의 개선성과를 정리하여 문서화함으로서 6시그마 프로젝트의 이론적 근거로 사용할 수 있으며 지식의 확보와 공유가 가능해진다. 문서화가 충실하게 이루어지지 못한 결과에 예상되는 애로점은 다음과 같다.

ⓐ 고객의 만족도가 낮아진다.
ⓑ 일정한 성과실현을 기대하기 어렵다.
ⓒ 종업원들이 업무절차의 학습에 어려움이 야기된다.
ⓓ 관리감독의 어려움이 예상된다.

챔피언의 승인과 결과의 확산

프로젝트의 완료와 함께 6시그마 프로젝트의 최종 의사결정권자라고 할 수 있는 챔피언의 승인이 이루어지게 된다. 6시그마 프로젝트의 인증은 향후 결과의 보급과 함께 성과실현에 대한 보상체계와 연계되어 있어 중요도가 높다고 할 수 있다. 팀 활동 중 학습한 내용뿐만 아니라 우수 사례를 공유할 수 있도록 유도하는 과정도 필요하다.

지식경제부 우정사업본부 '5년간 6시그마를 통해 1,286억 원' 재무성과

○ 지식경제부 우정사업본부(본부장 정경원)가 5년간 6시그마를 통해 1,286억 원의 재무성과를 창출한 것으로 나타났다. 우정사업본부는 18, 19일 이틀간 파주 통일동산교육센터에서 정경원 본부장을 비롯해 산하단체장, 관계자 약 130여 명이 참석한 가운데 '6시그마 5주년 성과 보고회'를 갖고 지난 5년간의 각 부문별 주요 성과를 발표한다.

각종 제도, 프로세스 개선을 위해 수행된 과제는 총 1,211개로 우정사업 전 분야에 걸쳐 산재해 있었던 문제들이 다뤄지고 약 2,900여개 의 개선안이 도출되었다.

6시그마 주요 추진목적의 하나인 전문인력 양성 부문에서는 MBB 36명, BB 162명 등 총 1,228명의 개선전문가를 양성하여, 금년을 기준으로 내부전문인력에 의한 자체 추진기반도 마련한 것으로 평가했다. 그동안 우정사업본부에서는 외부 전문기관과 컨설팅계약을 통해 6시그마를 추진해 왔다.

또한, 정부기업으로서 10년 연속 흑자 구현, 10년 연속 한국산업고객만족도(KCSI) 1위 달성, 한국능률협회컨설팅 주관 '한국의 경영대상'에서 3년 연속 고객만족종합대상, 경영품질종합대상 수상 등 각종 외부 평가에서 괄목할 만한 성과를 내는데 6시그마 경영혁신이 견인차 역할을 한 것으로 평가했다.

향후에도 우정사업본부는 6시그마를 중심으로 TRIZ, 워크아웃 타운미팅(Workout Town Meeting) 등 새로운 경영혁신기법과 연계하여 '우정사업형 통합혁신체계'를 구축하고, 경영혁신활동을 더욱 가속화해 나갈 예정이라고 밝혔다.

이날 행사는 6시그마 도입 5주년을 기념하고 그동안의 성과를 평가, 향후 발전방안을 모색하기 위해 마련된 것으로, 성과보고, 6시그마 유공자에 대한 표창, 개선전문가 인증서 수여, '08년 하반기 완료보고회 등으로 구성되었다.

정경원 본부장은 지난 5년간 이뤄낸 6시그마의 성과를 높이 평가하고 관계자들을 격려하면서 "앞으로 6시그마가 우정사업본부의 핵심 경영혁신기법에서 한 발 더 나아가 혁신문화로 완전히 자리 잡을 있도록 더욱 노력하자"고 당부할 예정이다.

프라임 경제 2008-12-17

Chapter 4

6시그마 실행 사례

6시그마 프로젝트는 불량을 통계적으로 측정, 분석하고 그 원인을 제거함으로써 6시그마 수준의 품질을 확보하려는 전사차원의 활동이다. 기존의 품질경영과는 달리 R&D, 마케팅, 생산현장 관리 등 경영프로세스 전반을 대상으로 하고 있다. 일괄적으로 평가할 수는 없지만 [표 4-1]에서와 같이 기존 품질경영 활동과의 차이점을 제시할 수 있다.

[표 4-1] 기존 품질경영 활동과 6시그마 프로젝트간의 차이

구 분	기존 품질운동	6시그마
측정지표	%(불량률)	σ(시그마)
목 표	제조공정 만족	고객 만족
품질수준	개별 상품의 품질	경영활동 전반의 질
개선기법	임기응변적 대처	경영 프로세스 총체적 디자인
추진방법	버텀-업(Bottom-Up)	톱-다운(Top-Down)
적용범위	제조공정	구매/마케팅/서비스 등 전 부문

국내외 기업에서 6시그마 경영활동이 성공적 성과를 실현할 수 있는 것은 프로젝트 수행을 위해 기업조직이 공통적으로 보인 성공요소에 기인하고 있다. 이들을 정리하면 다음과 같다.

[표 4-2] 6시그마 프로젝트의 차별적 성공요소

5대요소	세부사항
최고경영자의 리더십	6시그마 프로젝트에 대한 신념 강력한 통솔력을 보여줌
데이터에 의한 관리	정확한 데이터의 수집과 적용
자발적 교육 훈련활동을 수행	전직원들을 대상으로 한 교육 전문기관에 위탁 또는 전문가 초청
전사적 운영을 위한 시스템 구축	6시그마활동이 경영활동과 동일화
다양한 커뮤니케이션을 통한 내부 반발 통제	현재의 품질수준과 목표를 명확히 함

- 이상의 6시그마 프로젝트 성공 요소들을 효과적으로 실행한 국내외 일부 기업의 사례들을 정리하면 다음과 같다.

1 삼성 SDI의 6시그마 프로젝트 도입

도입배경

6시그마에 관심을 가지게 될 당시에 삼성 SDI는 동일형태의 불량이 지속적으로 발생하고 있었으며 품질산포가 크다는 현실적인 문제가 발생하고 있었다. 공정에서도 효율성 개선여지가 많아 보이지 않는 Q-cost가 지속적으로 발생하고 있었으며 통합정보제공 시스템의 부적절성이 남아있었다. 종업원 관리에서는 다양한 품질기법이 산재되어있고 제조분야 활동이 대부분을 차지한다는 한계를 보이고 있었다.

6시그마 프로젝트의 실행

6시그마 프로젝트 도입당시의 상황을 고려하여 제품 생산과정에서의 품질문제를 해결하기 위한 원천적, 과학적 해결 필요성이 높아지고 공정의 불합리함을 없애기 위해 업무 과정에서의 낭비요소를 제거하고자 하였다. 마지막으로 복합한 기법과 품질프로그램의 운용을 해결하기 위해 지속적 학습조직의 필요성이 높아지게 되었다. 이러한 개선노력을 동시에 수행하기 위해서는 6시그마 프로젝트가 가장 적절한 것으로 판단되었고, 이러한 프로그램의 실행을 통해 조직의 총체적 변화를 기하게 되었다. 삼성 SDI에서의 6시그마 프로젝트 실행 과정에서의 추진배경과 사명, 실행 도구들을 정리하면 다음 그림과 같다.

[그림 4-1] 삼성 SDI에서의 6시그마 프로젝트 실행 철학과 도구

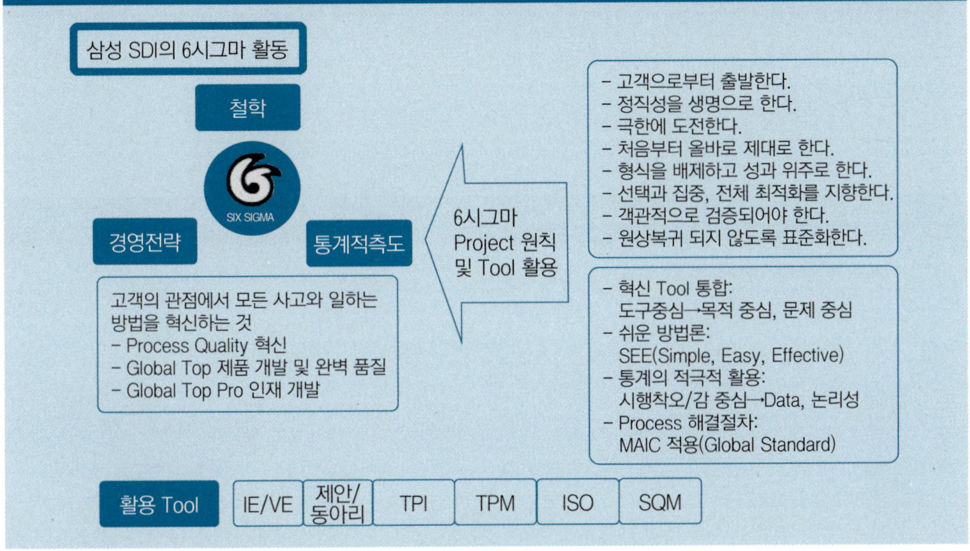

6시그마 프로젝트 전개과정

삼성 SDI의 6시그마 프로젝트 전개과정을 간단히 요약하면 다음과 같다.

[표 4-3] SDI 6시그마 프로젝트

전개과정	도입기(96~99)	정착(00~01)	가속화(01 이후)
구체적 프로그램	프로세스 혁신 (프로세스의 틀 마련) 국내최초 6 tlramk 도입 (프로세스의 질 향상) Bottom-up 추진 (기초교육, 저변 확대)	SDI식 6시그마 정립 및 전개 Q-Cost, 재무성과 연계 Top-Down식 추진, 보강 DFSS로의 확장	글로벌 확산 주력 고객/ 협력업체로의 확대 지식기반 경영 학습문화 구축
성과	input의 절감 통계적 수단확보	Output 증대 COPQ 절감과 혁신	경쟁력 향상 경영전략화

[출처: www.samsung.co.kr]

SDI의 6시그마 전개과정에서 독특한 면은 6시그마 추진을 전사적 전략으로 구체화하고 있다는 점이며 이를 통해 전사적 경영혁신을 추진하고 Digital 시대를 주도할 수 있는 내부 역량을 확대한다는데 의의가 있다. 이상의 진행과정을 조직의 각 부문과 개별 프로그램을 기준으로 정리하면 다음의 그림과 같다.

[그림 4-2] 6시그마 경영혁신 추진경과

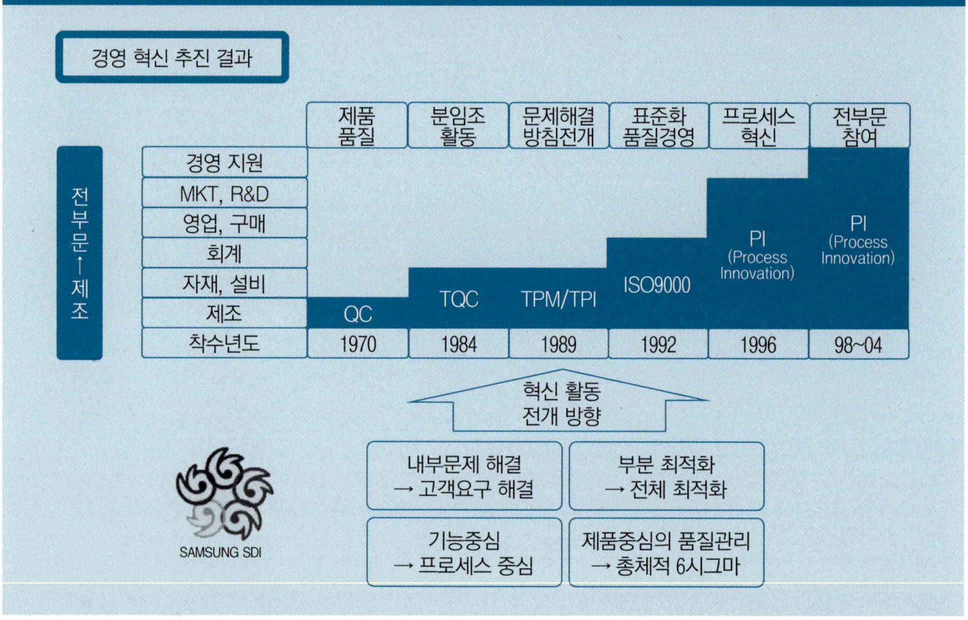

중점 추진과제

- 모든 삼성 SDI의 경영혁신 활동을 6시그마 프로젝트로 일원화 하였다.
- 모든 임원들은 연중 4일간 6시그마 챔피언 교육을 수료하도록 하였으며 임원 모두는 그린벨트를 취득하였다.
- 모든 임원들은 예외 없이 챔피언 플래닝을 수립, 추진하도록 강제화하였다.
- 매월 1회 챔피언의 날을 개최하고 다양한 주제를 바탕으로 모든 팀원들의 격의 없는 토론을 유도하였다. 6시그마 프로젝트의 의미를 고취하기 위해 임원

들은 챔피언복장 착용을 의무화하였다.

- 월간, 주간단위 보고제도를 지속적으로 운영하며 6시그마 리더십을 고취하고자 하였다.
- 6시그마 교육 프로그램 운영과 관련하여 SBTI와 1년간 계약 체결하여, 우수한 인력을 선발한 후 Black Belt 양성교육을 실시하였고 2001년부터 사내강사 이용하여 체계적인 6시그마 아카데미 교육을 실시하고 있다.
- 마스터 블랙벨트에 의한 6시그마 프로젝트 수행은 경영전략과 연계된 핵심과제를 챔피언이 직접 선정하여 마스터 블랙벨트가 직접 수행하는 Top-Down식으로 전개하였다.
- 6시그마 프로젝트 실행 대상범위는 협력업체를 포함한 제조, 비제조, R&D 경영 전 부문에 6시그마 프로젝트 동시 진행하였다.
- 6시그마 프로젝트의 항구적 운영을 위한 보상체계에 대한 관심을 기울였고, 공정한 Project 효과금액 산출을 위해 FEA(Financial Effect Analyst)제도를 운영하였다. FEA를 운영한 것은 각 사업팀의 모든 프로젝트 효과를 프로젝트 초기부터 최종 단계까지 검증 효과의 정확도 제고는 물론 전사 차원의 일관성과 평가/보상의 공정성을 유지하는데 목적이 있다.
- 삼성 SDI의 경영혁신 활동은 6시그마 프로젝트를 통해 더욱 구체화되었다고 할 수 있으며 이를 과정 속에서 생산성 향상, SCM 효율 극대화, 연구개발에서의 혁신, ERP, 재무혁신을 이룰 수 있었다. 실제로 6시그마 프로젝트를 통해 실행 초기 기준으로 2,400여건 이상의 개선활동과 재무성과만 2천억원 이상을 실현하게 되었다. 아울러 디스플레이 사업 분야에서 세계 최고수준의 원가경쟁력을 갖추었으며 경상이익만 8,000억 원 이상을 실현하게 되었다. 이러한 과정을 그림으로 요약하면 다음과 같다.

[그림 4-3] 삼성 SDI의 경영혁신 활동 체계

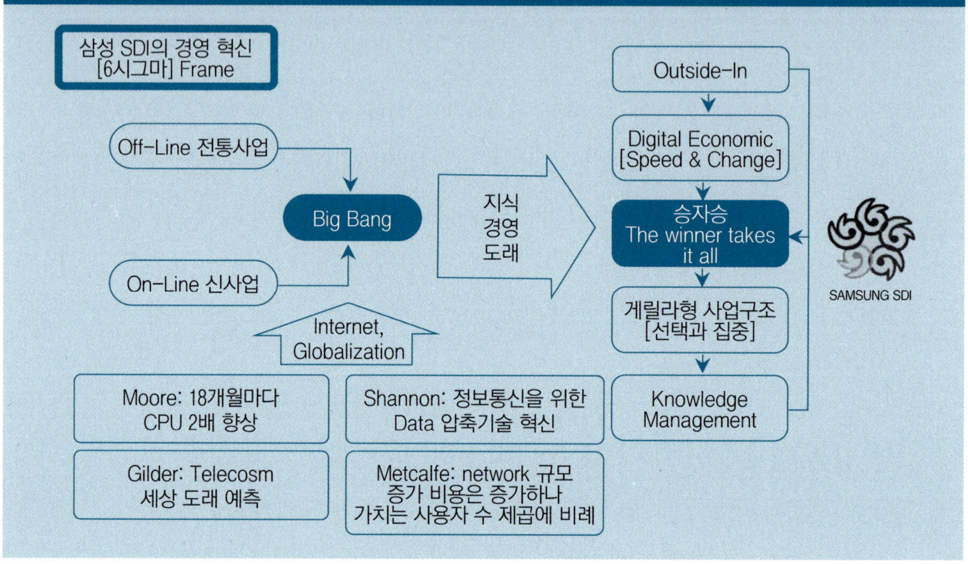

2 GS 칼텍스의 6시그마 프로젝트 도입

추진배경

경쟁 환경의 급격한 도래와 함께 항구적인 경쟁력 확보를 위해 능동적 변화를 이끌 수 있는 경영혁신의 필요성이 대두되었다. 특히 IMF 금융위기 이후 정유시장의 자유화로 주요소간 거리제한이 폐기되고 제품가격의 자유화로 인한 경쟁구도의 본격적 도래가 이루어졌다. 이러한 상황에서 과거 seller market에서 buyer market으로 정유업계의 급격한 변화가 이루어지고 환경에 대한 정부 규제, 불확실성의 심화로 인한 경영 risk는 지속적으로 높아지게 되었다.

새로운 경영혁신의 필요성

시장 환경의 변화를 바탕으로 고객만족의 극대화 추구가 필요하였는데, 정유업계의 기준으로 고객요구의 정확한 파악, 차별적 요소를 발굴하는 노력이 필요하게 된다. 아울러 제품가격의 자유화를 고려하여 원가절감을 바탕으로 가격경쟁력 확보가 필수적인 요소로 등장하였고, 이를 위해 비용절감을 위한 전사적 노력이 요구되었다. 조직 내부에서는 의사결정의 신속성을 위해 조직구조의 변화가 필요하였고 구성원 역량 강화 프로그램의 필요성이 높아지게 되었다. 구성원 역량은 다양한 교육 프로그램의 운영을 요구하게 되었다. 결국 이러한 다양한 요구사항을 적절히 수행하기 위해서는 6시그마 프로그램의 운영이 요구되었다.

GS 칼텍스의 6시그마 프로그램 특징

GS 칼텍스가 6시그마 프로젝트를 선택하게 된 가장 큰 이유는 GE, Motorola 등 다수의 국내외 기업에서 효과가 검증되었다는 것이다. 다만 국내여건을 고려해 다수의 운영도구와 기법을 보완하여 구진하게 되었다. 구체적인 운영상의 특징은 기존 6시그마 프로젝트의 특징을 따르고 있으며 고객 및 프로세스 중심, 사업전략과 긴밀한 연계, 자료와 사실위주의 분석, 종업원에 대한 체계적 교육, 전사적 차원의 적용을 바탕으로 이루어지게 되었다. GS 칼텍스에서의 경영혁신 활동운영과 요구되는 특징을 그림으로 전개하면 다음과 같다.

[그림 4-4] GS 칼텍스에서의 경영혁신 활동

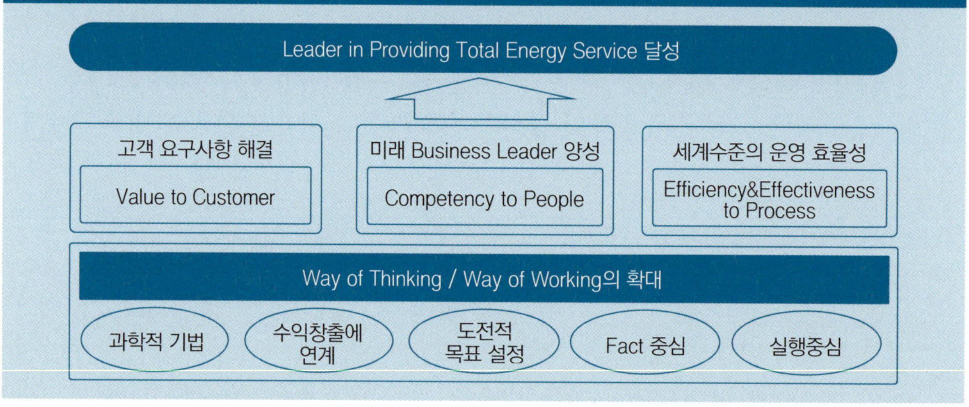

6시그마 프로젝트의 전개과정

6시그마 개선활동팀은 프로젝트 Champion, 지도벨트(MBB, BB), 프로젝트 리더, 프로젝트 팀원, PO(Process Owner)로 구성하여 회사 Vision 달성을 위한 혁신활동을 전개하게 되었다. 특징적인 면은 기존의 DMAIC 방법론을 자사의 특성에 맞도록 일부 변경한 BPMS(Business Process Management System) 방법을 실행하고 있다는 점이다. 이러한 전개과정을 그림으로 요약하면 다음과 같다.

[그림 4-5] GS 칼텍스에서의 6시그마 프로젝트 전개과정

도입기 ('99.5~'00.12)	정착기 ('01.1~'03.12)	도약기 ('04.0~)
6시그마추진역량확보	6시그마 내재화	획기적 가치창출
BB/MBB 인증자 확보 - 구성원 이해도 향상: 설명회, 챔피언 워크샵 - 추진체계구축: 추진사무국개설, 의사결정 고도화	GB교육 및 수행 강화 - 팀장 GB 과제실시 - BB 리더십 교육 실시 - 전략과 과제 연계	BPMS 구축 DFSS 도입 장기/Mega 과제 수행 과제 사후관리체계 개선 자체교재개발
- 경영지침 재정 - 인증자격 및 승진급과 연계 - PTS 구축	- 6시그마활동 임원평가에 반영 - 복귀BB의 GB지도제 시행 - BB선발 및 복귀체계 구축 - PTS재구축 - 각급 승진시 GB인증제	- 본부 사무국 체계 구축 - 팀장 선임시 BB인증 필수화

3 코레일의 6시그마 프로젝트 도입

도입배경

IMF 금융위기 이후 철도산업과 관련된 환경변화가 본격적으로 나타나게 된다. 대외적으로는 고객들의 이동수단으로서의 요구가 다변화하고 민영화후 다양한 교통수단과의 경쟁이 본격화된다. 대내적으로는 원가절감을 위한 인력의 감축과 경영합리화를 위해 시작되어야 할 신규 사업이 없어 수익구조의 악화가 예상되고 있었다. 따라서 경쟁력 있는 기업문화를 창출하고 지식공유, 수익증대를 위해 6시그마 프로젝트를 적용하게 된다.

추진경과

[그림 4-6] 코레일의 6시그마 진행과정

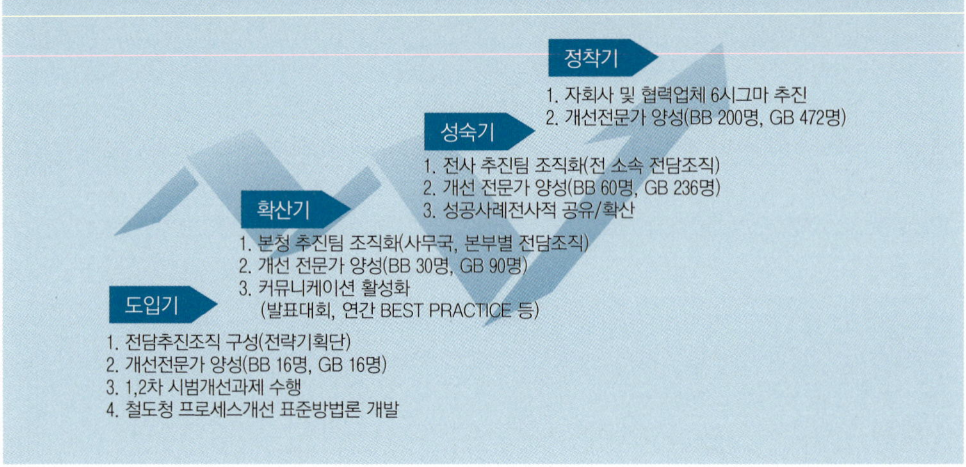

초기 도입과정에서는 전사적 운영에 앞서 전담기구를 발족하여 블랙벨트와 그린벨트 양성에 초점을 두고 진행되었다. 그 과정에서 본청에 추진 전담팀을 두고 각 자회사에 6시그마를 본격적으로 보급하기에 이른다. 구체적 진행과정은 [그림 4-6]과 같다.

6시그마 프로젝트 추진내용

코레일에서의 6시그마 추진과정은 크게 개선전문가 양성과 인프라 구축, 커뮤니케이션 활성화, 성과의 적절한 보상으로 나누어 진행되었다. 이들 운영활동들을 구체적으로 정리하면 다음과 같다.

- 개선전문가 양성
  - 교육과정 개발 및 확립
  - 커리큘럼 차별화 및 평가시행
  - 개선 전문가(BB/GB) 교육 및 자격 인증
  - 우수 강사요원 양성
  - 사내 컨설턴트 5명 이상 양성
- 인프라구축
  - 추진매뉴얼 개발
  - 표준매뉴얼, 운영절차서
  - 운영시스템 구축
  - 프로젝트 관리/교육관리 /평가시스템
  - 운영감사 제도 도입 등
- 커뮤니케이션의 활성화
  - 개선과제 선정보고회(연2회)
  - 철도청 6시그마 표준방법론: 매뉴얼 개발 및 보완
  - 개선성과 및 Best Practice 발표회 개최

• 성과에 대한 적절한 보상
  - 포상 및 인센티브 연 2회
  - 개선성과 발표시 포상
  - 개인성과상여금 지급시 반영
  - 특별승진 대상자로 우대 조치

6시그마 프로젝트의 성과

코레일은 6시그마 프로젝트 수행으로 열차사고, 건널목사고, 차량 고장, 운전장애 등 각종사고가 5년간 48% 감소하고, 국가고객만족도 점수가 새마을호 기준으로 2001년 68점에서 2004년 72점으로 지속적으로 상승하는 등 정성적 성과 실현과 함께 당기순이익의 증가가 함께 성취되었다. 연도별 수익실현을 그림으로 요약하면 다음과 같다.

[그림 4-7] 코레일의 6시그마 프로젝트 성과

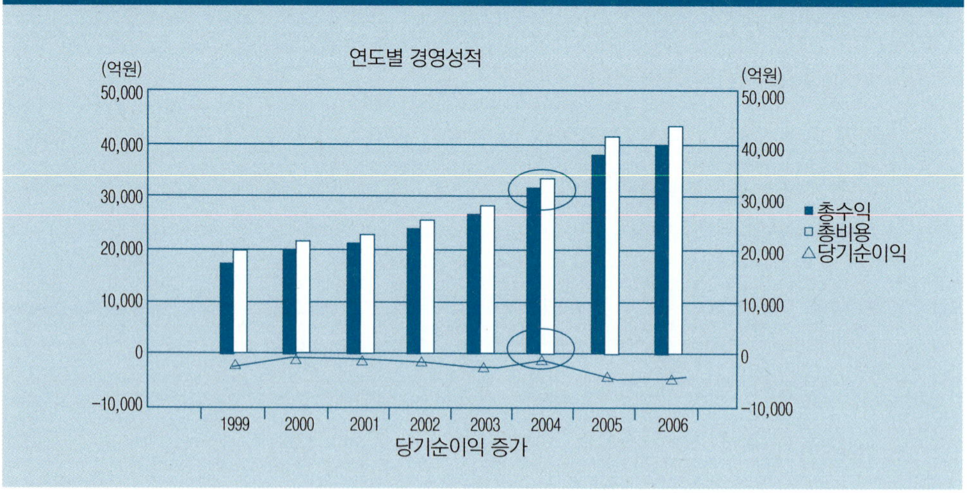

[그림 4-7〉에서처럼, 6시그마 프로젝트의 정착기라 할 수 있는 2004년에 당기순이익의 증가폭이 상당한 것을 발견할 수 있다.

4 포스코의 6시그마 프로젝트 도입

도입과정

포스코의 6시그마 도입과정은 경영품질 혁신활동의 일환으로 이루어졌으며 조직의 DNA구조를 변화시키기 위한 노력이라고 보아야 한다. 따라서 단기적 성과실현보다는 혁신적 문화를 창출하고 정착하는데 목적을 두고 있다.

[그림 4-8] 포스코의 6시그마 운영체계

포스코의 6시그마:
즐거운 변화 6시그마

회사 경영전략 달성의 Enabler
→ 전략에서 프로젝트까지 Cascading

인재육성 수단
→ 리더십, 의사소통, 프로세스 지식, 방법론 무장

문제해결 및 가치창출 방법론
→ Improve is Project by project

종합적인 조직 DNA 변화 프로그램
→ 직/간접 과제 참여자의 체험, 문화의 전파 및 확산

6시그마 목표

- 프로세스 개선을 통한 고객만족 및 주주 가치 증대
- 전문 역량을 바탕으로 한 인재육성으로 직원의 가치 증대
- 전 직원의 6시그마 참여, 성공체험을 통해 변화와 혁신 문화 정착

- 05/1월 체계적이고 내실 있는 6시그마 혁신 활동 추진을 위한 "혁신기획실"을 신설

→ 일하는 방식의 글로벌화
"일하는 방식이 그 자체로 보편성과 타당성을 가져 성장을 추구하는 포스코가 세계 어디에 나가도 설득력을 갖도록 해나가겠다."
→ 6시그마 혁신활동의 체질화

포스코의 cross-functional 프로젝트

2003년부터 추진한 6시그마 프로젝트의 특징은 부서간의 경계를 없애고 부문간의 협력을 통한 프로젝트 추진을 핵심적으로 전개하고 있다. 이러한 cross-functional 프로젝트의 전개구조는 [그림 4-9]에서 제시하는 것처럼, 마스트 블랙벨트에 의해 조율되고 운영(wave)별 수행 프로젝트의 수준을 관리하게 된다.

[그림 4-9] cross-functional 프로젝트 구조와 wave별 추진수준

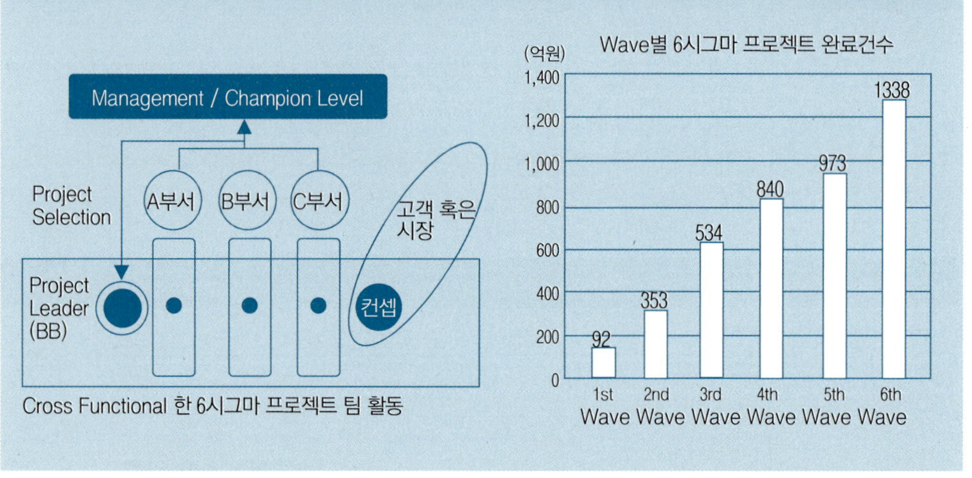

따라서 포스코는 전략제품인 자동차강판 500만 톤 생산과 판매를 목표로 제강, 열연, 냉연, 설비 기술, 판매, 기술연구 부문에서 동시다발적으로, 그리고 상호 유기적으로 팀을 이뤄 프로젝트를 수행하고 있다.

5
IBM의 6시그마 프로젝트 도입

도입배경과 경과

IBM은 개인용 PC시장과 기업 규모의 비대화로 인한 효율성 저하로 인하여 인하여 수익성 악화를 경험하던 중, 1989년 모토로라가 최초로 말콤 볼드리지 품질상을 수상한 직후 본사를 방문하고 우수사례로서 6시그마 운동을 도입을 추진하게 된다.
당시 최고 경영자인 존 에커스는 IBM의 부활을 계획하며 6시그마 품질 달성을 선언하고 전사적 실행을 전개하였으나 중간 관리자 및 실무자들로부터의 불만과 함께 1991년에서 1993년까지의 전사적인 다운사이징을 병행함으로 인하여 챔피언들이 회사를 떠나는 결과가 발생하게 된다.
이후 1993년 6시그마 운동을 실시했었던 존 에커스 최고 경영자가 퇴진함으로써 6시그마 운동이 갑작스럽게 중단하게 된다.

6시그마 프로젝트 도입 실패 진단

- 조직의 규모가 커지고 비대해지면서 타성에 젖으면서 고객 요구에 둔감해지고 조직내부의 다양한 소조직간의 정치적 갈등이 발생하게 된다.
  - IBM 사업부간의 알력과 내부승진 경쟁으로 인해 부정적 결과 초래.
  - IBM 본사의 중역회의에서 모든 의사결정이 이루어지게 되고 시장진입 속도는 늦어지게 된다. 조직구조가 전형적인 피라미드 조직 구조화
- 조직외부환경으로 PC 산업에서의 주도권 상실과 MS, Intel의 성장을 들 수

있다.

- 철저한 사전분석과 준비 없이 무리하게 도입.

• 초기의 6시그마 프로젝트의 실행이 MB상 수상을 목적으로 진행되었다는 점에서 경영혁신보다는 수상에 과도하게 집착했다는 오류가 지적되고 있다.

- 따라서 실리적인 면보다는 형식적인 면이 강하게 작용.
- 모토로라의 프로그램을 비판 없이 직접 모방.

• 현장중심의 6시그마 실행으로 인하여 전사적으로 직원들의 참여 이끌지 못했다는 한계를 가진다.

- 중간관리자 및 구성원에 대한 비전을 제시하거나 공유하지 못함.

• 6시그마 프로젝트를 진두지휘할 CEO의 퇴임으로 인해 지속적인 실행의 동력을 상실하게 된다.

- 6시그마 경영의 혼선과 경영지원의 부재가 발생

사례 연구 1

자동차 부품을 생산하는 P사의 6시그마 성공 사례

- 6시그마 경영의 성공조건은 고객의 요구조건에 맞는 프로세스의 운영이 될 것이며 이를 위해서는 문제점 파악과 개선을 하고자 하는 노력이 병행되어야 할 것이다.
- 모든 6시그마 프로젝트는 관련된 팀구성원들에 의해 이루어지며 이들 간의 상호협력이 필수적이라고 할 수 있다,
- 성공적인 6시그마 프로젝트 운영은 최고 경영자의 확고한 의지와 리더십, 자료의 관리와 확보, 효과적인 종업원 교육 훈련, 시스템 구축이 필수적이다.
- 전 구성원의 실질적이며 적극적 참여, 기업의 지속적인 업무 프로세스 개선이 필요하다.
- 본 사례에서 파악할 수 있는 것처럼, 품질경영의 기본적 원리를 바탕으로 효율적인 프로세스를 개발하면 중소기업의 6시그마 프로젝트는 효과적일 것으로 기대된다. DMAIC 4 단계를 바탕으로 공정 중에 발생하는 문제점을 어떻게 해결하였는가를 개괄적으로 파악하고자 한다.

정의(Define) 단계

- 현황: P사는 자동차 부품을 생산하는 중소기업으로 주로 생산하는 품목은 자동차 도어(door) 부품류와 힌지(hinge)류의 프레스 제품을 생산하여 대기업에 납품하고 있다. 최근 들어 도어류 금형 수리로 인한 투입비용 상승과 함께 프레스 가동율 저하로 인해 많은 손실이 발생하고 있다. 따라서 이러한 문제를 근본적으로 해결하기 위해 6시그마 활동을 전개하게 된다. 여기에서는 DMAIC의 각 단계에 따라서 6시그마가 어떻게 추진되었는가를 살펴보게 된다.

[그림 4-10] 프레스의 구조

[그림 4-9]에서 보이고 있는 구조에서처럼, P사에서 생산하는 제품인 각종 도어부품과 힌지는 알루미늄이나 강철판을 열처리한 후 금형 프레스 작업을 통하여 가공되고 있다.

프레스 가공시에는 제품마다 그에 맞는 금형을 장착한 후 묶음 생산방식(batch) 작업으로 일정한 수량을 연속적으로 가공하게 된다.

금형은 펀치공정과 다이공정의 구성되어있으며 각 공정의 절차는 다음과 같다.

[그림 4-11] 펀치 공정과 다이 공정

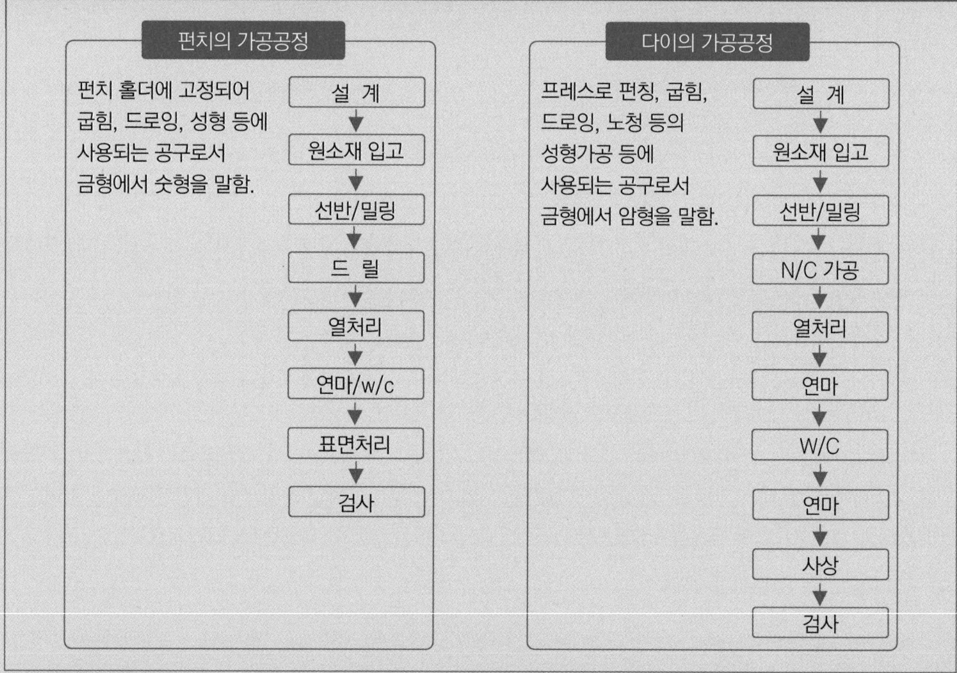

• 문제의 정의

프레스 작업중에 발생되고 있는 프로젝트 문제를 정의하면, 전형적인 주문제작으로 인하여 제품의 재질 열처리 방법, 가공여유, 치수 등의 변동요인으로 인하여 작업방법과 조건이 표준화되기 어렵기 때문에 펀치나 다이의 파손과 마모가 빈번하게 발생하고 있다.

문제는 투입비용인데, 펀치와 다이의 파손과 마모에 의한 금형 수리비용: 1억 2천만 원 상당이 발생하고 있으며 연간 금형 손실로 인한 수리로 3.6%의 프레스 비가동률이 발생하고 있다. 뿐만 아니라 완성된 제품의 품질 저하로 인해 사후 불량 리콜에 인해 2.1%의 프레스 비가동률이 발생하고 있다.

이와 같이 엄청난 수리비용을 줄이고 상당한 수준의 프레스 비가동율로 인한 생산성 하락을 방지할 필요성이 제기되었다.

• CTQ 선정

P기업에서는 완성제품의 품질수준을 높이고 부가적으로 발생하는 품질비용을 줄여 수익성을 높이기 위한 CTQ로 도어와 힌지류의 제품을 생산하는 핵심장비인 금형으로 보았다. CTQ는 고객의 입장을 반영하여 선정하게 되는데, 이 경우의 내부고객은 금형을 사용하여 제품을 직접 가공하는 프레스 작업과 차기 공정의 작업자들이 되며 외부고객은 제품을 납품받는 자동차 업체가 된다.

• 6시그마 프로젝트 목표 설정

프레스 가공과정에서의 금형 수리비용과 횟수를 최소화함으로써 프레스 가동율을 향상시킨다. 수리비용과 수리횟수를 각각 다음의 표와 같이 절감하는데 목표를 두고 개선작업을 시작하였다.

[표 4-4] 6시그마 프로젝트 개선 목표

구분	현재(연간)	목표	효과
1.수리비용 절감	1억 2천만 원	4천 8백만 원	5천 4백만 원 절감
2.수리횟수 절감	1,735회	860회	875회 절감

측정(Measure) 단계

현재 작업중의 금형 수리유형과 빈도를 파악하기 위해 연간 수리유형을 파악하였다.

[표 4-5] 연간 수리유형별 분포

No	수리유형 \ 월	1	2	3	4	5	6	7	8	9	10	11	12	계	순위
1	금형부품 구조 변경	2	9	11	13	8	15	12	6	15	12	7	6	116	7
2	금형부품 마모로 인한 교환	–	–	2	9	8	4	10	2	6	25	11	12	89	10
3	금형부품 마모로 인한 수리	11	2	8	5	7	4	6	3	10	7	12	10	85	11
4	금형부품 파손으로 인한 교환 수리	1	–	4	2	4	4	3	3	18	9	2	5	47	12
5	금형부품 파손으로 인한 재제작	28	9	14	9	13	3	18	28	14	9	24	16	169	4
6	대프론 주입 수리	–	5	–	–	–	–	–	–	6	–	–	–	11	15
7	틴거비 부분 파손으로 수리	15	–	–	–	–	–	–	–	–	–	–	–	15	14
8	다이 마모제품 불량으로 수리	1	1	3	6	18	8	18	18	19	18	18	11	131	6
9	다이 부분 파손으로 인한 수리	3	4	3	5	7	6	13	12	15	13	10	10	101	8
10	다이 부분 파손으로 인한 재제작	38	29	22	20	34	38	28	18	19	22	26	24	311	2
11	제품치수 불량으로 인한 수리	28	25	25	11	33	30	15	1	6	5	17	18	198	3
12	펀치 마모제품 불량으로 인한 수리	4	1	8	6	12	13	20	11	24	16	25	13	153	5
13	펀치 부분 파손으로 인한 수리	3	6	5	6	7	10	9	15	8	11	4	6	90	9
14	펀치 마모로 인한 수리	–	–	–	1	–	4	2	–	1	–	1	–	9	16
15	펀치 파손으로 인한 재제작	108	79	88	68	88	64	106	67	78	81	71	58	948	1
16	스트리퍼 파손으로 인한 재제작	2	5	–	2	3	–	2	1	1	–	1	–	17	13
계		221	175	193	155	234	195	262	177	232	228	229	181	2,482	

총 16가지 유형의 수리유형 전반을 파악을 한 결과, 크게 4가지의 원인들이 가장 큰 고장 유형인 것으로 파악되었다. 그리고 이들 수리들이 전체 수리의 90.7% 비율을 차지하고 있어 이들에 대한 개선작업은 비용과 수리횟수 절감에 결정적 영향을 미칠 것으로 파악되었다.

- Gage R&R 분석의 실시

  펀치의 외경을 측정자 3명이 10개의 시료에 대하여 2회씩 채취한 자료를 가지고 1차 분석(측정기 교정전)한 결과를 다양하게 보여주고 있다.

  1차 측정 결과에 의하면 공정변동이 약 92%이고 변별도는 0인 것으로 파악되어 현재의 측정 시스템은 부적합한 것으로 판단되었다. 이러한 측정 시스템의 부적합성을 개선하기 위하여 측정 방법을 표준화, 측정기 검교정후 동일한 측정 환경 하에서 재측정을 하였다.

  2차 측정 결과에 의하면 공정변동은 27.6%로 줄어들었고 변별도는 5로 높아졌다. 따라서 측정 시스템이 사용 가능한 것으로 확인되었다.

[그림 4-12] 전체 수리비용 비율

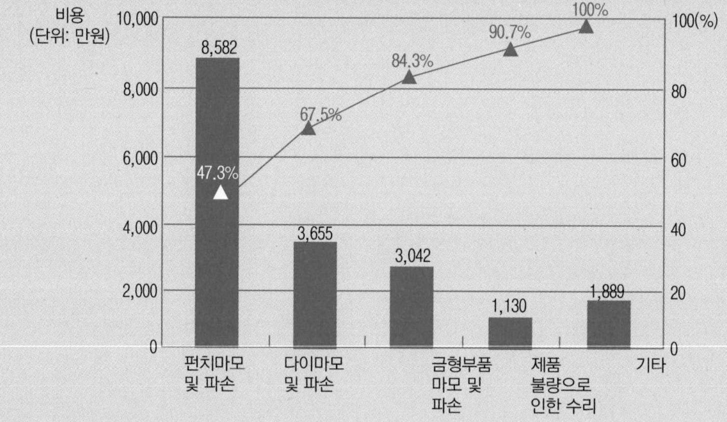

[표 4-6] 수리로 인한 투자비용 수준

구분	펀치 마모 및 파손	다이 마모 및 파손	금형부품 마모 및 파손	제품불량으로 인한 수리	기타	합계
투자 금액	85,821,157	36,547,148	30,424,814	11,604,385	18,886,288	181,284,173
점유율	47.3%	20.2%	16.8%	6.4%	9.3%	100%

[그림 4-13] 연간 수리횟수

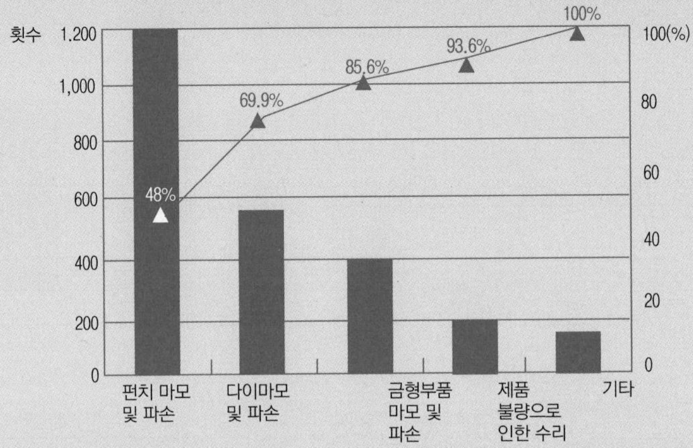

[표 4-7] 연간 수리횟수 수준

구분	펀치 마모 및 파손	다이 마모 및 파손	금형부품 마모 및 파손	제품불량으로 인한 수리	기타	합계
투자 금액	1,191	543	390	198	159	2,482
점유율	48%	21.9%	15.7%	8%	6.4%	100%

분석(Analyze) 단계

- 금형 수리발생의 주요 인자파악
  금형 수리가 발생하게 되는 중요원인들을 파악하기 위해 전통적으로 사용되는 도구들을 활용하여 분석 작업을 수행하였다. 특히 Ishikawa 다이어그램을 활용하여 금형 수리비용과 프레스 가동률을 높이기 위해 고려해야할 요소들을 구체적으로 파악하는 절차를 수행하였으며 그 외에 프로세스 맵을 통해 작업절차에 대한 재점검 과정도 이루어졌다.

[그림 4-14] Ishikawa 다이어그램을 통한 목표 요소 파악

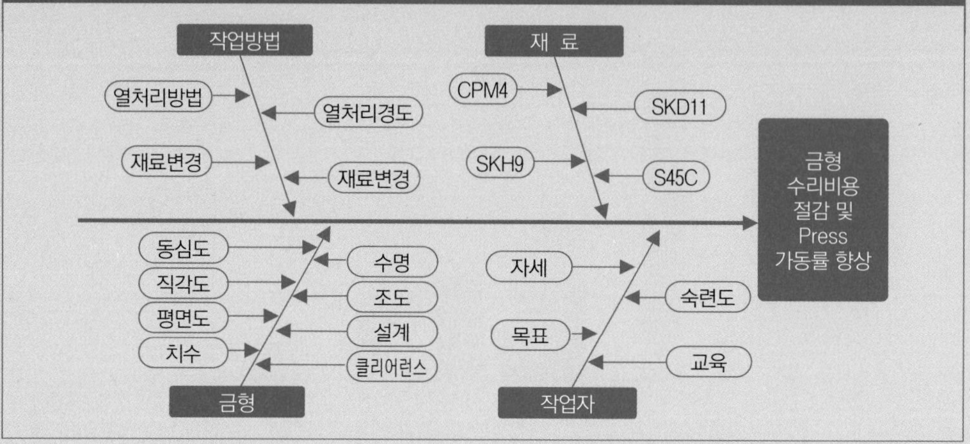

입력변수에는 원자재와 작업자가 포함되고 기존 금형제작 프로세스와 완제품이 가지는 역학적 특징이 출력변수로 고려되어진다.

[그림 4-15] 프로세스 맵을 통한 금형제작 과정 검토

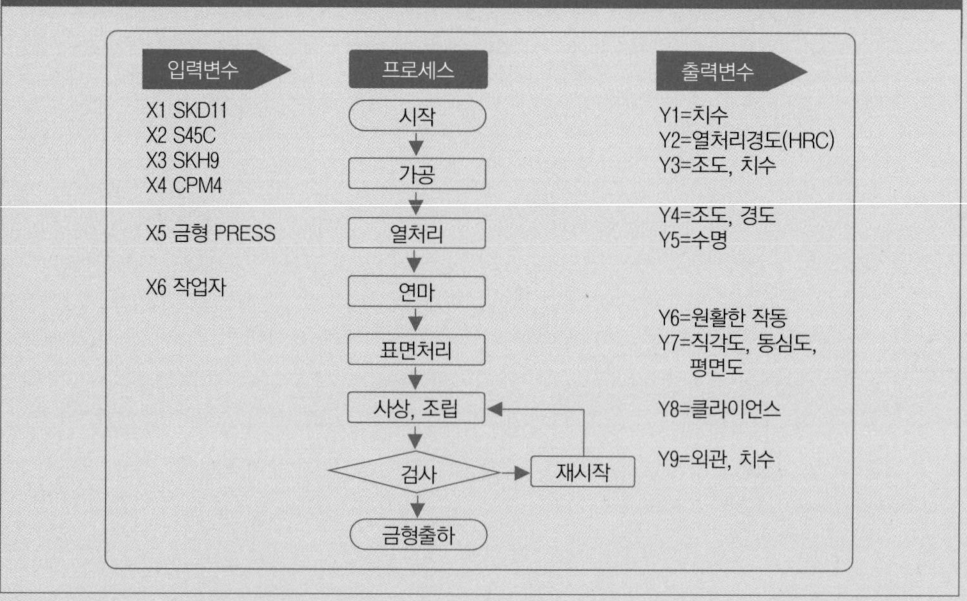

그리고 C&E matrix를 통해 구체적인 품질속성과 요구사간의 관계를 파악할 수 있었다.이 매트릭스도에서 x 변수는 프로세스 맵에서 파악된 주요 요소(인자)들이 되며 y 변수는 금형의 수리비용에 영향을 주는 요소들이다. 우측의 가중합으로 본 중요도에서는 열처리, 경도, 재질, 클리어런스, 프레스작업, 직각도 순으로 파악되었다. 따라서 종합적 가중합으로 본 관리요인으로는 열처리 경도, 재질, 클리어런스로 파악되었다. 따라서 본 프로젝트의 CTQ인 금형의 수리비용을 절감하기 위해서는 열처리 경도, 재질, 클리어런스에 대한 집중관리가 필수적이라는 점이 파악되었다.

[표 4-8] C&E 메트릭스

		No	1	2	3	4	5	6	7		
		출력변수 Y	파손	마모	치수 불량	Burr 발생	전단면 파단면	수명			
		가중치	8	10	3	6	6	7			
No	입력변수X	Association Table								가중합	%가중합
1	치수		3	3	4	5	5	8		182	7.8
2	열처리, 경도		10	10	7	7	9	10		367	15.8
3	조도		3	4	5	5	4	4		161	6.9
4	직각도		10	10	10	3	4	5		287	12.3
5	평면도		7	8	3	5	5	4		173	7.4
6	동심도		5	7	8	3	3	5		205	8.8
7	클리어런스		8	8	6	10	10	6		324	13.9
8	재질		10	10	3	8	7	8		335	14.4
9	프레스작업		9	10	3	5	7	6		295	12.7
										2,329	100

분석 단계의 FMEA 분석에서는 주된 고장형태가 펀치류에서는 머리부파손, 인선부파손, 몸통파손, 인선부마모로 파악되었고 다이류에서는 장비의 파손, 마모가 대부분을 차지하는 것으로 나타났다. 위험순위에서는 고장형태의 치명적 원인으로 열처리 종류, 열처리 경도, 재질 등이 제시되었다.

[표 4-9] FEMA 분석 결과

No	공정기능	고장형태	고장영향	심각도	고장원인	발생도	검출도	RPN
1	펀치	머리부파손	작업불가 공정누락 금형파손	10	열처리, 재질 타발 반발력 직각도 두부형성 불합리	3	2	60
		인선부마모	작업불가 공정누락 제품변형 BURR발생		열처리, 재질 위치도, 직각도 동심도 재료겹칩침	5	6	300
		몸통파손	작업불가 공정누락 금형파손		열처리, 재질 위치도, 직각도 동심도	2	3	60
		인선부마모	치수불량 제품변형 BURR발생		열처리종류, 경도 재질선택불합리 위치도 직각도 동심도	10	9	900
2	다이	다이파손	BURR발생 제품변형 치수불량	10	열처리 종류 재질선택불합리 열처리경도	4	3	120
		다이마모	금형파손 제품찍힘 제품변형		제품겹침 열처리재질 티빌반발력	3	2	60

이러한 결과를 바탕으로 구체적인 관리 대상으로 다이에서는 열처리 방법, 경도, 재질이 선정되었고 프레스 작업에서는 클리어런스가 선정되었다.

분석단계에서는 공정능력분석을 통해 향후 구체적 개선 목표를 설정하게 된다. 이 프로젝트에서는 계량적 평가가 상대적으로 수월한 경로를 바탕으로 간접적 평가를 수행하였다. 평가기준은 일반적 기준을 따랐다. 따라서 $1 \leq C_p \leq 1.33$ 이면 공정능력이 확보된 것으로 파악되고 $C_p < 0.67$이면 공정능력이 부족하다고 판단하였다. 다이류의 경우에는 C_p값이 1.374로 나타나 공정능력이 있는 것으로 판단되었다.

[표 4-10] 다이류의 공정능력분석 결과

MODEL	전차종	품번		결재	작성	검토	승인
품명	다이류	UNIT	0.1				
단계	품질확인	일자	2001.08.26				
항목	경도	작성자	XXX				
PURPOSE	HRC60-62	SPEC	60	MAX	62	MIN	60

	X1	X2	X3	X4	X5	ΣX	X	R	* 결과	
DATA	61.5	61.7	61.4	61.55	62	308.15	61.63	0.6	최대값	62
	61.7	61.2	61.5	61.5	61.6	307.5	61.5	0.5		
	61.55	61.6	60.95	61.7	61.6	307.4	61.48	0.75	최소값	60.7
	61.5	61.6	61.65	61.72	61.5	307.97	61.594	0.22		
	61.5	61.57	61.5	62	61.5	308.07	61.614	0.5	표준편차	0.243
	61.4	61.5	61.5	61.6	61.5	307.5	61.5	0.2		
	60.7	60.7	62	61.55	61.6	306.55	61.31	1.3	공정능력 Cp	1.374
	61.75	61.55	61.6	61.55	61.7	308.15	61.63	0.2	공정능력 Cpk	0.624
	61.55	61.7	61.5	61.6	61.6	307.95	61.59	0.2	평균	61.546
	61.65	61.7	61.5	61.5	61.7	308.05	61.61	0.2		

그러나 편치류의 경우에는 C_p가 1.15로서 크게 문제시 되지 않는다고 하여도 공정능력이 충분한 수준은 아닌 것으로 나타나 공정 개선의 필요성이 제시되었다.

[표 4-11] 펀치류의 공정능력분석 결과

MODEL	전차종	품번		결재	작성	검토	승인
품명	펀치류	UNIT	0.1				
단계	품질확인	일자	2001.08.26				
항목	경도	작성자	XXX				
PURPOSE	HRC58-60	SPEC	58	MAX	60	MIN	58

	X1	X2	X3	X4	X5	ΣX	X	R	* 결과	
DATA	58.5	59.6	59.6	59.6	59.5	296.8	59.36	0.6	최대값	60
	59.6	59.5	59.4	59.5	59.5	297.5	59.5	0.5		
	59.4	59.6	60	59.5	59	297.5	59.5	0.75	최소값	58.5
	59	59.65	59.7	59.6	59.7	297.65	59.53	0.22		
	58.7	59.45	59.3	58.7	59.7	295.85	59.17	0.5	표준편차	0.289
	59.5	59.7	59.6	59.6	59.45	297.85	59.57	0.2		
	59.5	59.3	59	59.5	59.6	296.9	59.38	1.3	공정능력 Cp	1.155
	59.5	59.6	59.7	59.7	59.5	298	59.6	0.2	공정능력 Cpk	0.691
	59.4	59.5	60	59.7	59.55	298.15	59.63	0.2	평균	59.48
	59.5	59.5	59.5	59.7	59.6	297.8	59.56	0.2		

이상에서 다양한 도구와 기법을 통해 분석과정을 수행하였고, 파악된 CTQ와 중요 요소들, 공정능력 등을 고려해 개선안을 도출하고 실행방안을 모색하는 개선(improve)단계를 수행하였다.

개선안 도출(Improve) 단계

- Improve 단계에서는 개선안을 도출하고 최선의 대안에 대한 검증이 이루어졌다. 본 프로젝트의 경우는 CTQ 품질특성 향상을 위해 프레스에서 가공되는 제품별 가공유형의 특성에 적합한 펀치와 다이를 제작하여야 하고 아울러 금형의 마모와 파손이 최소화 되도록 작업 방법 설정하여야 한다.
  고객의 품질 인식에 결정적인 CTQ의 성능을 최대한 향상시키도록 CTP에 대한 최적의 조건을 결정하게 된다. 이번 프로젝트의 경우에 금형은 실험결과를 얻기가 불가능하여 CTP 중 일부 인자들간의 관계성만을 고려하여 개선안을 도출하고자 하였다.

[표 4-12] 펀치와 다이의 클리어런스 조정

순서	클리어런스 부여	문제점	개선방안	개선 일정
1	1차다이 클리어런스 T당 편측:6/100적용	피어싱후 전단면 35% 수준으로 클리어런스 재조정	다이 클리어런스 재조정 6%에서 5%조정	7/26
2	2차다이 클리어런스 T당 편측:5/100적용	피어싱후 전단면 50% 수준으로 클리어런스 재조정	다이클리어런스 재조정 5%에서 4%로 재조정	
3	3차 다이 클리어런스 T당 편측: 4/100적용	피어싱후 전단면 60% 수준으로 클리어런스 재조정	다이/클리어런스 o조정 4%에서 3%로 재조정	
4	4차 다이 클리어런스 T당 편측: 3/100적용	▶ 피어싱 후 전단면 75%~80& 수준으로 SPBC는 만족하나 펀치, 다이의 초기마모로 펀치, 다이 교환 시간 과다 ▶ 펀치, 다이 조기마모에 따른 강도 보완	▶ 강도보완에 따른 펀치, 다이재질 변경 (STD11→SKH9) ▶ 열처리 방법변경→표면처리	

[표 4-13] 재질에 따른 표면처리 결과

재질	업체	표면처리			
		진공	TIN	TD	TICN
STD11	영풍	5,000	-	-	-
	동우	-	5,000	8,000	12,000
	발저스	-	1,000	-	12,000
SKH9	영풍	7,000	-	-	-
	동우	-	7,000	15,000	20,000
	발저스	-	-		80,000

[표 4-14] 펀치의 재질과 표면처리 방법에 대한 성능실험 결과

순서	구분	개선전	개선후
1	클리어런스	소재t의 7~8%	소재 t의 3%
2	재질	STD11, SKH9	SKH9
3	표면처리	진공 TD, TN, TICN	TICN
4	타발수량	5,000~20,000	80,000
5	비용	5,000원	13,000원
6	수리횟수	4~16회	1회

- 펀치와 다이에 대한 클리어런스 조정결과와 재질에 따른 표면처리 결과를 바탕으로 [표 4-14]와 같은 개선 결과를 얻을 수 있었다. 이러한 결과를 바탕으로 CTQ의 성과와 예상비용, 표면처리 방법과 원자재(재질) 구매 업체 선정에 대한 대안을 선정할 수 있다.

지속적 관리(Control) 단계

- 대안 개발과 선정단계(improve)를 통해 최종적 개선안을 도출하였는데, 다이와 펀치의 클리어런스 수준을 소재의 3%대로 낮추고 소재를 SKH9로 변경하게 된다. 아울러 표면처리방법은 TICN으로 변경하여 설정하였다.
- 6시그마 프로젝트가 효과적으로 정착되기 위해서는 모든 개선안들이 지속적으로 관리되어야 한다.
- 개선내용은 CTQ에 즉각적인 영향을 미치는 펀치와 다이에 집중이 되고 그 밖의 부품가공은 현재의 작업공정과 방법을 그대로 유지하는 형태로 결론을 내렸다. 펀치류에 대하여 고강력강판과 힌지류는 개선안대로 변경하였고 다이류는 고강력 강판을 개선안대로 변경하였다.
- 향후 지속적 개선을 위해 펀치류와 다이류에 대한 관리개선 계획을 수립하였다.

[표 4-15] 펀치류의 향후 관리내용

순서	분류	재질	열처리	표면처리	기타
1	고장력강판	SKH9	-	TICN	▸ 직각도:0.015 ▸ 평면도:0.01 ▸ 동심도:0.005 ▸ 조도:6.35 범위에 만족시킬 것
2	F.BLANK'G	STD11	HRC60-62	-	
3	힌지류(PIERC'G)	SKH9	-	TICN	
4	힌지류(NOCH"G)	STD11	HRC58-60	-	
5	레버류	STD11	HRC58-60	-	

• 펀치류의 경우에 고강력 강판의 재질은 SKH9으로 정하고 힌지류와 레버류에 대한 직각도, 동심도 등에 대한 세부 목표를 설정하게 된다. 이 목표들은 향후 지속적으로 수행될 6시그마 프로젝트의 목표치가 된다.

[표 4-16] 다이류의 향후 관리내용

<table>
<tr><th rowspan="2">순서</th><th rowspan="2">분류</th><th colspan="2">재질</th><th rowspan="2">열처리</th><th colspan="2">표면처리</th><th rowspan="2">기타</th></tr>
<tr><th>다이</th><th>다이
인서트</th><th>다이</th><th>다이
인서트</th></tr>
<tr><td>1</td><td>고장력강판</td><td>STDH9</td><td>SKH9</td><td>HRC60-62</td><td>진공</td><td>TICN</td><td rowspan="4">▸ 평면도:0.01
▸ 진원도:0.0004
▸ 위치도:0.005
▸ 조도:6.35
범위에 만족시킬 것</td></tr>
<tr><td>2</td><td>F.BLANK'G</td><td>STD11</td><td>-</td><td>HRC60-62</td><td>진공</td><td>-</td></tr>
<tr><td>3</td><td>힌지류</td><td>SKH9</td><td>STD11</td><td>HRC60-62</td><td>진공</td><td>진공</td></tr>
<tr><td>4</td><td>레버류</td><td>STD11</td><td>STD11</td><td>HRC58-60</td><td>진공</td><td>진공</td></tr>
</table>

사례 연구 2

만성 불량 개선을 위한 H사의 6시그마 도입 사례

추진배경

2010년도 매출액 250억 목표를 달성하기 위하여 QCD 부문에 전체적으로 노력하고 있으며 특히, 방산 및 가공품에서 지속적으로 반복되고 있는 만성 불량에 대하여 개선 활동은 하고 있으나 근본적인 해결이 되지 않고 있으며 이에 따른 유·무형적인 손실이 발생하고 있어 이를 근본적으로 개선하여 회사 전체적인 품질 수준을 향상하기 위함.

추진목적

가. 기업의 실태분석을 통한 문제점 발굴
나. 품질부문의 문제점 분석과 품질관리 현황 분석
다. 품질교육을 통한 품질마인드 향상
라. 품질개선을 위한 적용 Tool의 이해
마. 6시그마 기법 적용을 통한 테마 개선
바. 품질 개선을 통한 전체적 품질 향상

단계별 추진내용

A. 정의(Define)

- 방산 및 가공품의 주요품질 현황 파악
- 테마선정 단계 : CTQ 및 현 수준 파악
- 프로젝트 정의 및 프로젝트 관리 계획 작성
- 추진계획서 작성(프로젝트 테마, 범위, 팀원, 목표, 일정 등)

B. 측정(Measure)

- CTQ구체화
- Gage R&R
- 측정시스템 평가
- 현 시그마 수준 파악
- Process Map 작성
- 품질 Tool 교육

C. 분석(Analysis)

- 개선목표 설정
- 잠재원인 파악
- 통계적 검증
- 근본원인 파악 및 검증을 통한 우선 순위 명확화
- 품질개선

D. 개선(Improve)

- 근본인자 도출
- 최적모델 구축
- 작업범위 설정
- 품질개선

E. 관리(Control)

- 관리 능력 파악
- 관리계획
- 관리 시스템 연계

F. 완료단계

- CTQ 및 KPI 평가
- 사후관리 방안 작성
- 완료보고

기업현황과 품질상황

2010년 당시의 월별 고객 불량현황, 유형별 불량현황, M별 불량현황, 사내·외 구분 현황, 용접불량 상세 분석 현황, 가공불량 상세 분석 현황을 파악하였다.

• 품질현황 파악 및 분석을 통하여 기본적으로 초기 계획 수립시 부품 불량 개선보다 모기업의 각 거점 현장 Line의 불량개선이 우선 개선 대상으로 파악되었으며 H사의 경영진에서도 굴삭기의 Boom, Arm, O-T 등의 도장, 용접, 가공, 외관 불량에 의한 고객불만 해결책을 우선대상으로 진행될 필요성을 제기하고 있다. 따라서 현재품질 현황분석 및 Trend 정밀 분석을 통하여 6시그마 적용 테마 및 팀원의 재선정 등의 활동이 재협의하여 진행되어야 할 것이다.

• 자체적으로 진행하고 있는 품질개선활동과 연계가 필요할 것으로 보이며, 6시그마 테마 도출은 재분석 및 범위 확정 후 도출되어야 할 것이다.

[표 4-17] H사의 2010년 품질상황

2010년 월별 불량 발생건수 현황(Konz)

구분	1월	2월	3월	4월	5월	6월	7월	8월	9월	10월	11월	12월	누계	평균
납품수량	880	894	749	910	692	881							4406	787
불량건수	8	7	89	81	12	18							108	17
불량률	0.79	0.78	5.21	8.41	2.08	1.82		###	###	####	####	####	2.46	2.16

월별 불량 수량

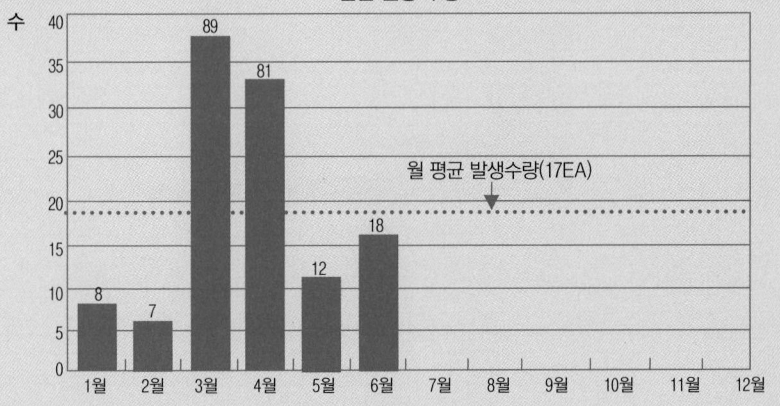

- A/S 품질 문제발생현황 파악하였으며 총 49 건으로 조사되었다.

6시그마 테마선정

테마명 : ARM LUG의 용접 품질 개선

- 지속적으로 문제가 되고 있는 K기업(납품대상 기업)의 ARM LUG 용접공정의 VOC, CCR을 통하여 CTQ를 도출하는데 둔다.
- 전체적인 CTQ 산정은 VOC, CCR을 파악하여 CTQ를 도출하는 과정으로 이루어졌다.

VOC: - ARM LUG의 용접불량으로 조립시 불필요한 수정공수가 발생하고 있다.(K기업)

- ARM LUG의 내폭 및 대칭도 불량으로 검사를 2번(QA)
- ARM LUG 용접공정의 수정공수를 줄이자.(생산부)

CCR(Critical Customer Requirement):

- ARM LUG 용접공정의 용접 품질개선

CTQ(Critical to Quality):

- ARM LUG 용접공정의 불량률 감소

[그림 4-16] 용접의 결함 상태

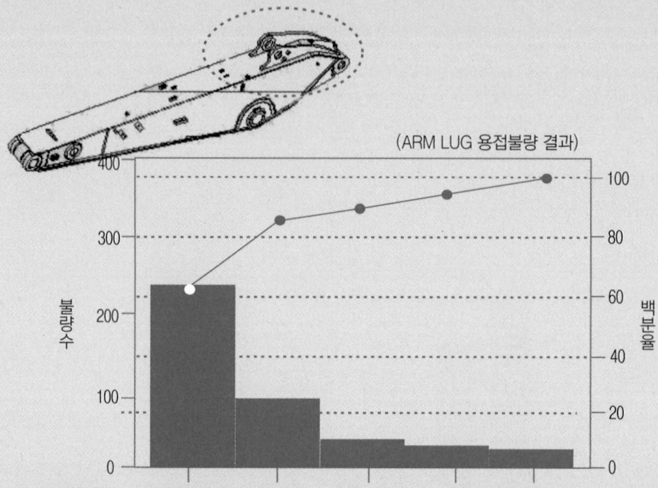

불량유형	대칭도 불량	내폭 불량	좌우 뒤틀림	가공	기타
불량수	236	876	22	20	11
백분율	62.8	23.1	5.91	5.3	2.9
누적 %	62.8	85.9	91.8	97.1	100.0

정의(Define)

- 발생문제의 현황: 2008 년부터 2009 년까지 ARM LUG 용접공정에서 발생한 불량으로 전체 939대 중에서 376대를 수정(10대 중 4대) 하였다. 이로 인한 수정공수가 대당 약 4시간 발생하여 COPQ는 연간 ₩9,024,000 발생되었다
- 목표설정:
  - ARM LUG 용접 불량건수: 75% 개선(목표 불량수 10대중 1대)
  - COPQ : 6,768,000원 절감

측정(Measure)

- CTQ의 현수준
- VOC, CCR, SIPOC을 통하여 CTQ를 "ARM LUG 용접 공정의 불량률 감소"로 선정하였으며 구체적 문제점 중에서 핵심 개선 영역을 파악, 도출하기 위해서 불량유형 분석을 통한 CTQ(Y)를 선정.
- 측정시스템 평가 및 측정 계획
  - 현재 측정하고 있는 3차원 측정의 기본 방법 및 수준은 만족할 수준으로 아래와 같이 측정 후 게이지 R&R을 실시

1) 측정계측 장비: 3차원 측정
2) 측정자: 2인(QC 검사원, 작업자)
3) 측정방법: 5회 반복(시료수 6개 인당 5회 반복)
4) 측정기간: 2주일
5) 측정시료: Random
   - 측정 서식을 작성하여 시료 및 측정결과 자료를 1차 엑셀 파일로 작성하여 완료되는 시점에 검증 후 미니탭에 의한 자료 게이지 R&R 작성

[그림 4-17] CTQ의 현 수준 파악

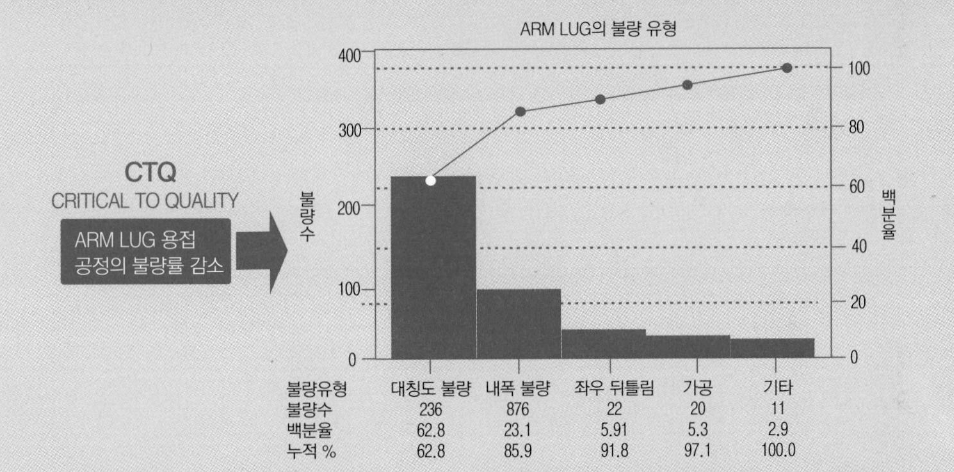

[표 4-18] 성과척도 매트릭스

프로젝트 Y			성과기준		측정시스템	
항목	측정단위	스펙	목표	현수준	측정빈도	게이지
ARM LUG용접공정의 대칭도 불량개선	Rate(%)	공차 3mm이내	10%	40%	표본	3차원

• 게이지 R&R 수행절차
  ① 공정 산포의 실제 또는 예상되는 범주를 나타내는 10개의 부품 표본을 추출
  ② A,B,C로 평가자를 구분하고 부품에 1에서 10까지 번호 부여

③ 정규 측정 절차의 부분이라면, 게이지를 교정

④ 평가자 A가 무작위 순으로 10개 부품을 측정. 다른 관측자가 결과를 기록. 평가자 B,C에게 다른 사람의 읽는 값을 보지 않은 상태로 10개의 부품(시료)을 측정

⑤ 다른 무작위 순의 측정을 사용해서 사이클 반복

⑥ 만일 평가자가 다른 작업 교대시간에 있다면, 대체 방법이 사용. 평가자 A가 10개 부품을 측정. 그 후 평가자 A가 다른 순서로 반복해서 측정. 그리고 읽은 값을 각각 2회,3회란에 기록. 평가자 B, C에게도 같은 방법을 적용

[그림 4-18] Gage R&R의 분석내용

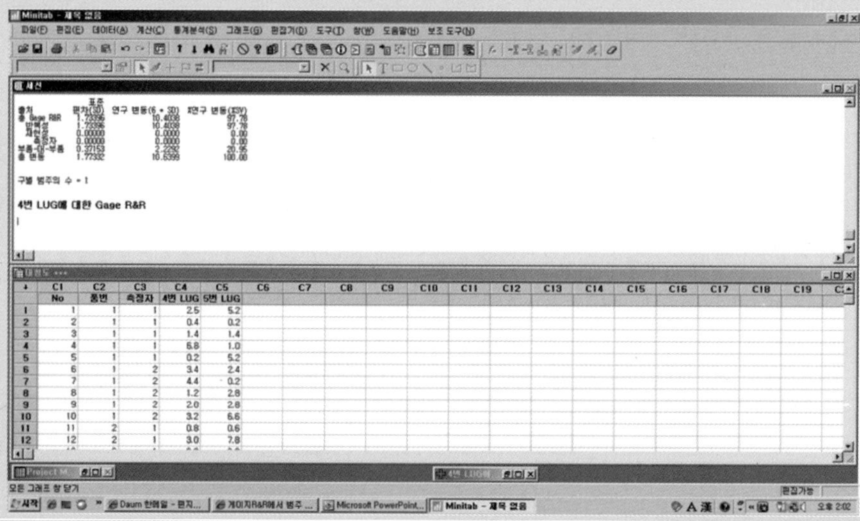

- 게이지 R&R 결과 4번 LUG 및 5번 LUG 모두 반복성 및 구별범주의 이상으로 측정값에 대한 만족도가 부족하여 측정방법을 재수립하여 게이지 R&R 분석 재수행이 필요

• 2차 Gqge R&R 측정
  - 3차원 측정기인 레이아웃머신 및 4공장 3차원측정기로 측정방법을 조정하여 측정
  - 4번 LUG의 경우
    ① % Contribution 1.15
    ② % Study variation 10.75
    ③ 구별 범주의 수 = 13 로 모두 만족스러움
  - 5번 LUG 의 경우

① % Contribution 6.89

② % Study variation 26.25

③ 구별 범주의 수 = 5로 모두 만족.

- 따라서 측정방법 및 검·교정 실시 내용 등에 대한 표준안을 수립하여 지속적인 계측기 오차를 줄이도록 실행

[그림 4-19] 4번 Lug의 Gege R&R 분석결과

Gage R&R

출처	분산 성분	%기여 (분산 성분)	출처	표준편차 (SD)	연구 변동 (6*SD)	% 연구변동 (%SV)
총 Gage R&R	3.00662	95.61	총 Gage R&R	1.73396	10.4038	97.78
반복성	3.00662	95.61	반복성	1.73396	10.4038	97.78
재현성	0.00000	0.00	재현성	0.00000	0.0000	0.00
측정자	0.00000	0.00	측정자	0.00000	0.0000	0.00
부품-대-부품	0.13803	4.69	부품-대-부품	0.37153	2.2292	20.95
총 변동	3.14485	100.00	총 변동	1.77332	10.6399	100.00

구별 범주의 수 = 1

4번 LUG에 대한 Gage R&R

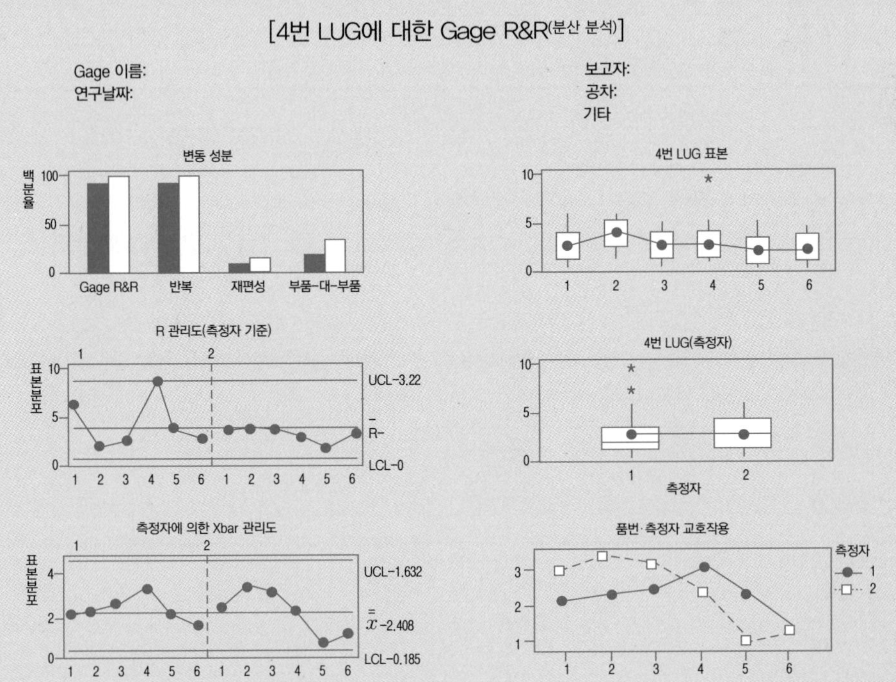

[그림 4-20] 5번 Lug의 Gege R&R 분석결과

Gage R&R

출처	분산 성분	%기여 (분산 성분)	출처	표준편차 (SD)	연구 변동 (6*SD)	% 연구변동 (%SV)
총 Gage R&R	5.17544	99.14	총 Gage R&R	2.27496	13.6498	99.7
반복성	4.48424	85.90	반복성	2.11760	12.7056	92.68
재현성	0.69120	13.24	재현성	0.83138	4.9883	36.39
측정자	0.69120	13.24	측정자	0.83138	4.9883	36.39
부품-대-부품	0.04471	0.86	부품-대-부품	0.21145	1.2687	9.25
총 변동	5.22015	100.00	총 변동	2.28477	13.7086	100.00

구별 범주의 수 = 1

5번 LUG에 대한 Gage R&R

[5번 LUG에 대한 Gage R&R(분산 분석)]

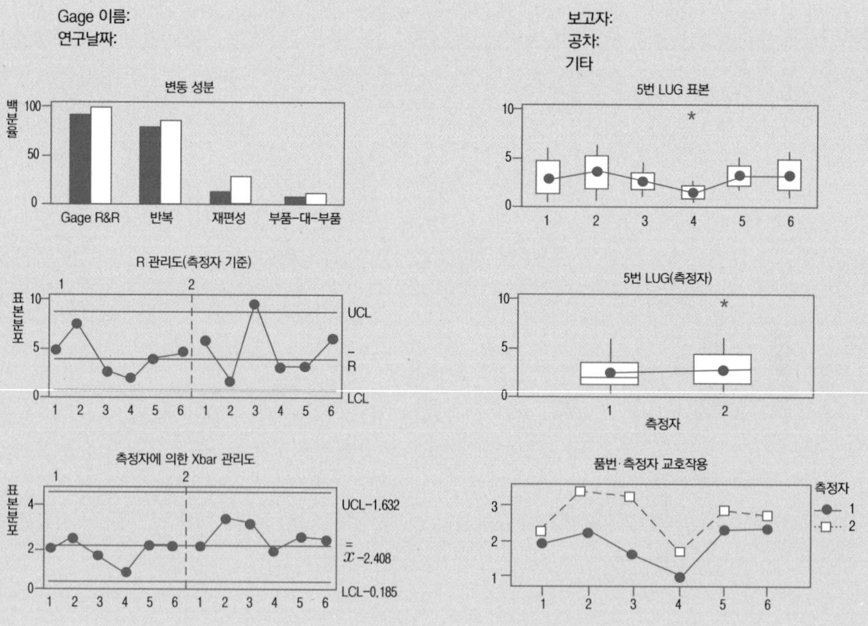

[그림 4-21] 4번 Lug의 2차 Gege R&R 분석결과

[2차 Gage R&R 실시결과(4번 LUG에 대한 Gage R&R)]

Gage R&R

출처	분산 성분	%기여 (분산 성분)	출처	표준편차 (SD)	연구 변동 (6*SD)	% 연구변동 (%SV)
총 Gage R&R	0.01944	1.15	총 Gage R&R	0.13943	0.83656	10.75
반복성	0.01300	1.77	반복성	0.11402	0.68411	8.79
재현성	0.00644	0.38	재현성	0.08025	0.48150	6.19
측정시스템	0.00000	0.00	측정시스템	0.00000	0.00000	0.00
측정시스템-품번	0.00644	0.38	측정시스템-품번	0.08025	0.48150	6.19
부품-대-부품	1.65368	98.85	부품-대-부품	1.28984	7.73902	99.42
총 변동	1.68312	100.00	총 변동	1.29735	7.78411	100.00

구별 범주의 수 = 13

4번 LUG에 대한 Gage R&R

[4번 LUG에 대한 Gage R&R(분산 분석)]

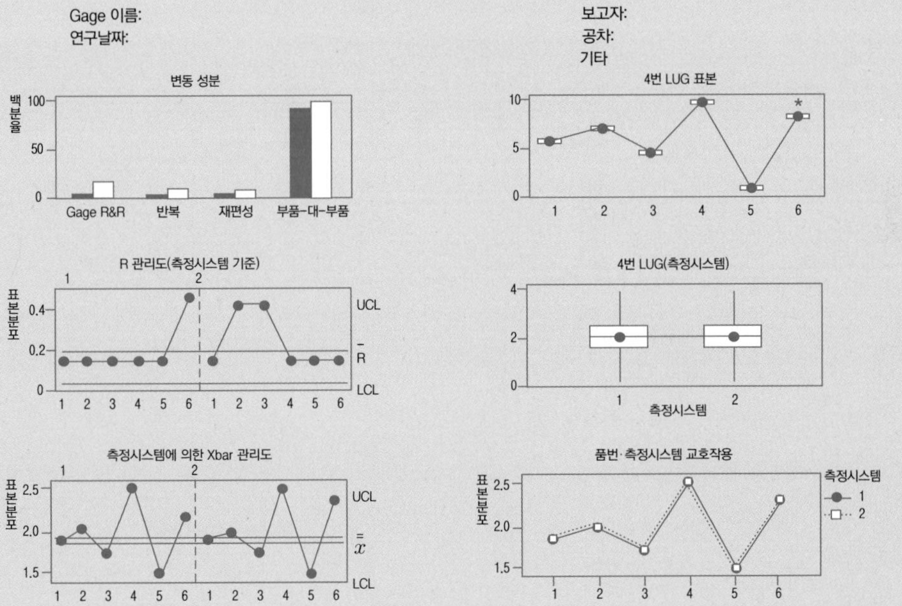

[그림 4-22] 5번 Lug의 2차 Gege R&R 분석결과

[2차 Gage R&R 실시결과(5번 LUG에 대한 Gage R&R)]

Gage R&R

출처	분산 성분	%기여 (분산 성분)	출처	표준편차 (SD)	연구 변동 (6*SD)	% 연구변동 (%SV)
총 Gage R&R	0.16683	6.89	총 Gage R&R	0.40844	2.45067	26.25
반복성	0.09567	3.95	반복성	0.30930	1.85580	19.88
재현성	0.07116	2.94	재현성	0.26676	1.60055	17.14
측정시스템	0.00000	0.00	측정시스템	0.00000	0.00000	0.00
측정시스템-품번	0.07116	2.94	측정시스템-품번	0.26676	1.60055	17.14
부품-대-부품	2.25489	93.11	부품-대-부품	1.50163	9.00678	96.49
총 변동	2.42172	100.00	총 변동	1.55619	9.33713	100.00

구별 범주의 수 = 5

4번 LUG에 대한 Gage R&R

[5번 LUG에 대한 Gage R&R(분산 분석)]

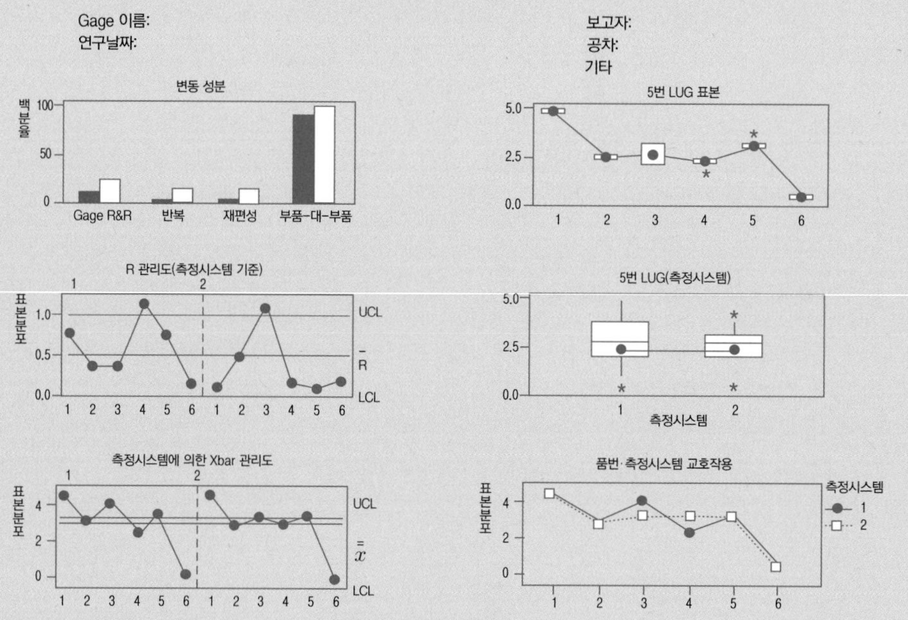

• Process Map 작성과 납품공정순서 파악

[그림 4-23] 프로세스 맵

베어링서버 F	❶ 프론트베어링+백플레이트 SUB화 대기	❷ RH 백플레이트 부착	❸ LH 백플레이트 부착	❹ 사이드 EDGE부+백플레이트부 그라인더	
베어링서버 B	❶ 붐베어링+백플레이트 SUB화 대기	❷ RH 백플레이트 부착	❸ LH 백플레이트 부착	❹ 사이드 EDGE부+백플레이트부 그라인더	
사이드서버	❶ RH 사이드 SUB화 대기	❷ 사이드 1 부품 셋팅	❸ 사이드 2 부품 셋팅	❹ 사이드 뒷면 가접	❺ 사이드 그라인더
1,2,3차 가접	작업표준순서				
1,2,3차 용접	작업표준순서				
1,2차 사상	❶ 사이드 RH 스패트 제거 및 붐베어링&하판 사상	❷ 암밑면/쫄대꼬리 및 암러그 꼬리 사상	❶ 사이드 LH면 스패트 제거 및 붐베어링&하판 사상	❷ 상면사상/버켓러그 암러그꼬리 그라인드	
Seat용접	작업표준순서				
화영수정 및 교정	❶ 버켓러그/암러그 직각도 화염 수정				
1,2차 가공	BUCKET LUG PART	ARMLUG PART	FRONT BEARING PART	ARM BEARING PART	

[그림 4-24] 납품공정순서에 대한 현장 확인

• Lug별 정규성 검토와 공정능력 분석

[그림 4–25] 4번 lug의 정규섬 검토

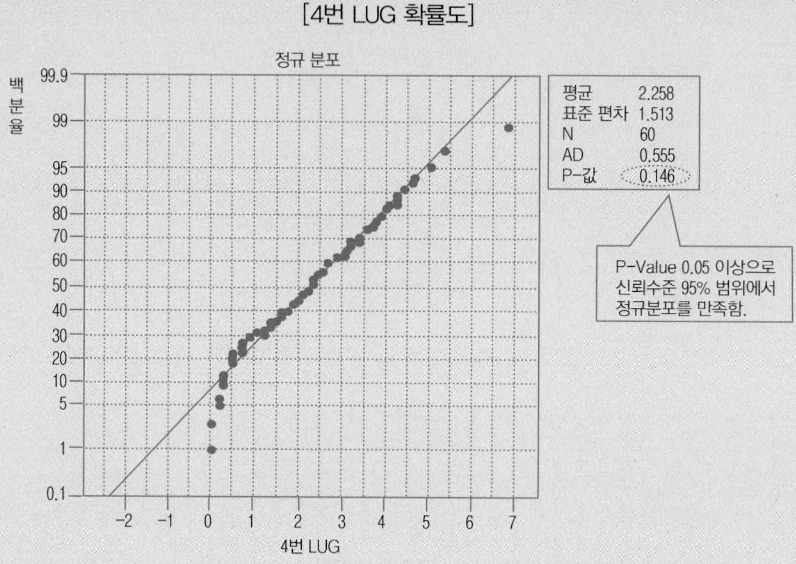

[그림 4–26] 4번 lug의 공정능력

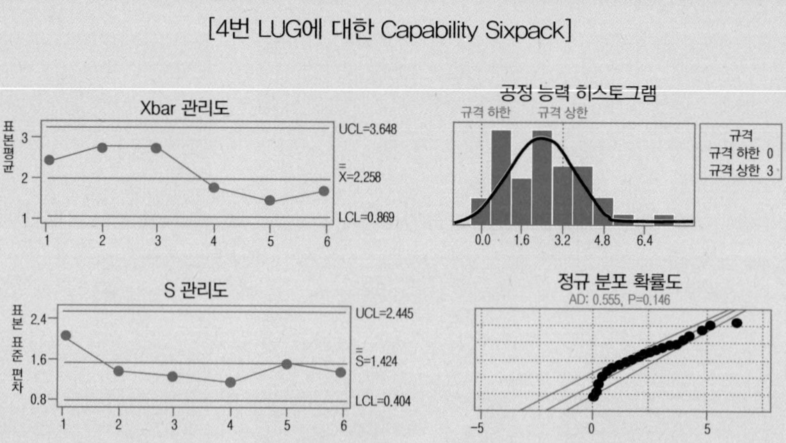

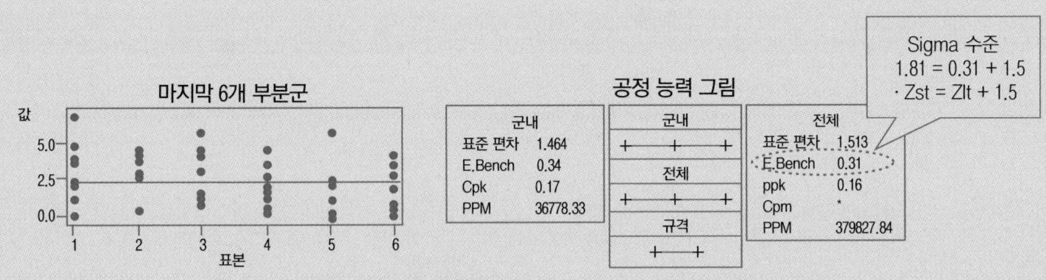

[그림 4-27] 5번 lug의 정규선 검토

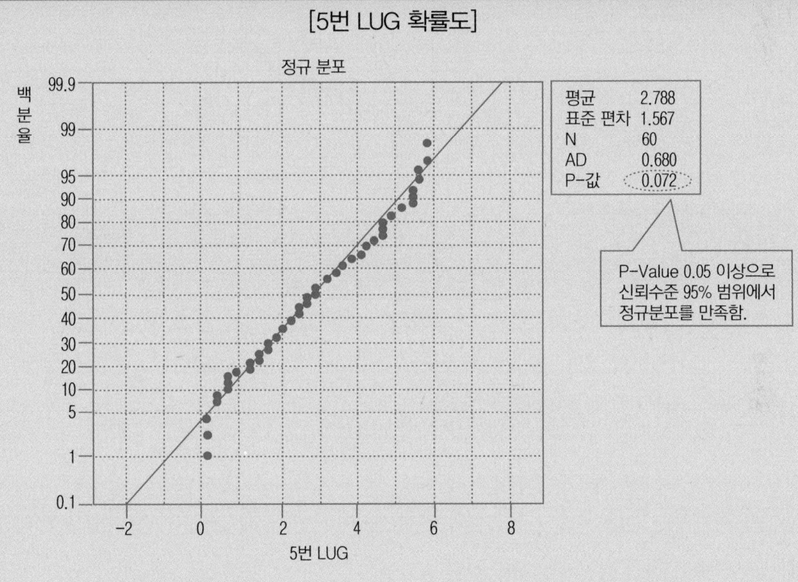

[그림 4-28] 5번 lug의 공정능력

[5번 LUG에 대한 Capability Sixpack]

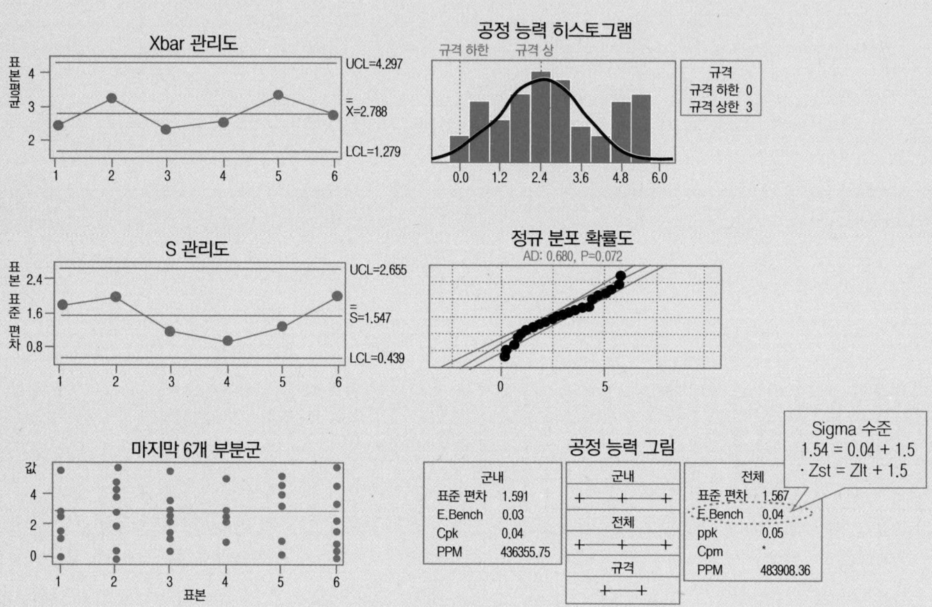

분석(Analyze)

- 품질개선 전, 후를 고려한 성과 향상율을 산정

[표 4-19] 목표의 성과 향상율 수준

가공 작업

CTQ(Y)	현수준		개선목표		향상율(%)	비고
	Defect(PPM)	σ 수준	Defect(PPM)	σ 수준		
4번 LUG 대칭도(Y1)	367.778	1.81	6.210	4.0	98.4	
5번 LUG 대칭도(Y2)	486.855	1.54	6.210	4.0	98.7	

• Lug 대칭수준의 불량이 발생하는데 대한 잠재적 원인파악을 위한 Fishbone diagram 작성

[그림 4-29] Fishbone 다이어그램

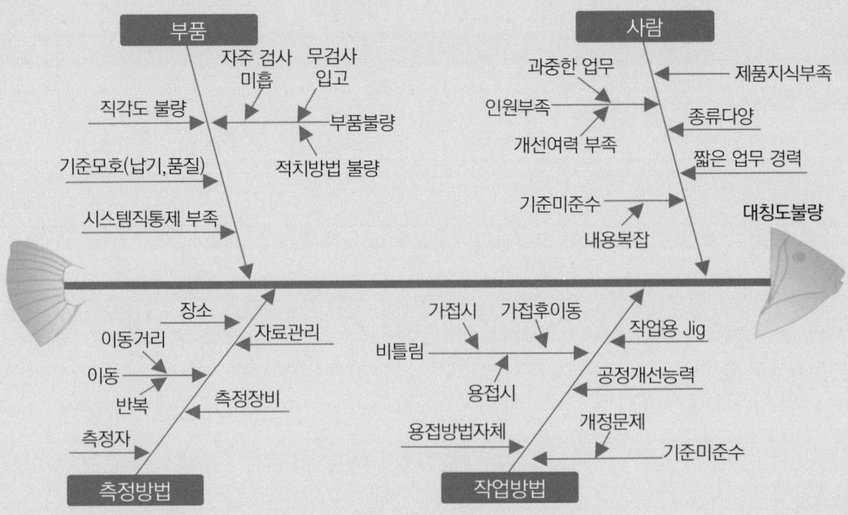

• 잠재적 원인 파악을 위해 현장(작업장)에 대한 실사작업 병행

[그림 4-30] 현장을 통한 잠재적 원인파악

• 통계적 검증의 실시
 - 수집된 자료를 바탕으로 t 검정을 중심으로 가설검증을 실시

[표 4-20] t-검정 설계

Vital X's	분석인자(X's)	분석		시료수
본용접시 비틀림	가접후 공차	1표본 t검정	2표본 t검정	6
	용접후 공차	1표본 t검정		6

- 4번 Lug의 가접 작업 후 평균에 대한 검정결과는 유의 수준을 만족함.

[그림 4-31] 4번 Lug에 대한 가접 작업후 1표본 t 검정 결과

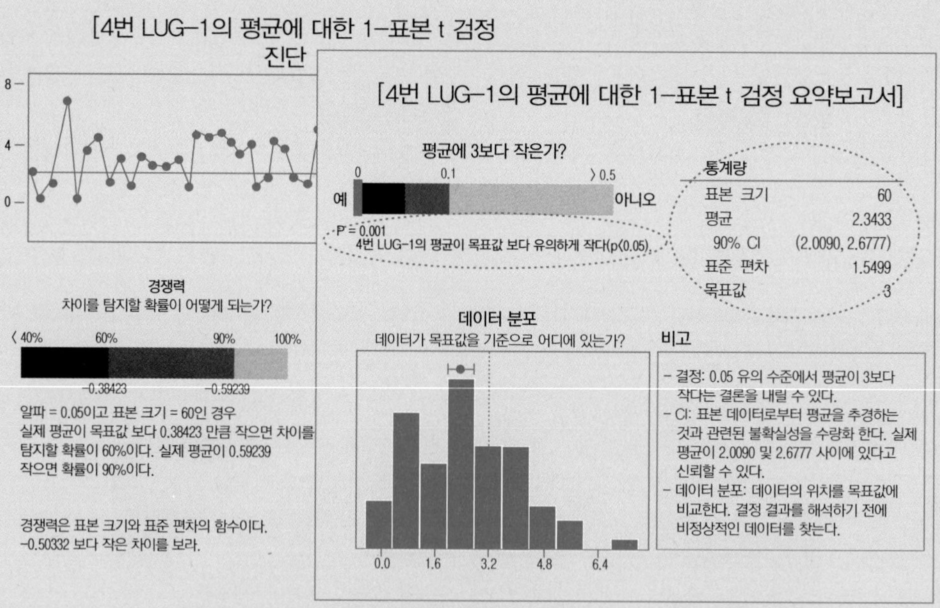

[그림 4-32] 4번 Lug에 대한 본용접 후 1표본 t 검정 결과

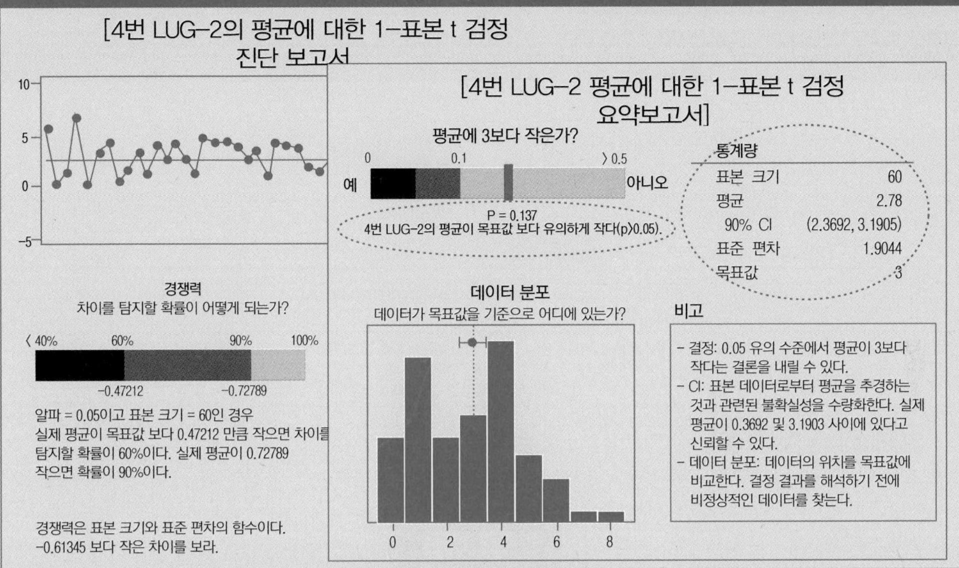

- 4번 Lug의 본 용접 후 평균에 대한 검정결과는 유의 수준을 만족하지 못함.

[그림 4-33] 4번 Lug에 대한 가접, 본용접 후 2표본 t 검정 결과

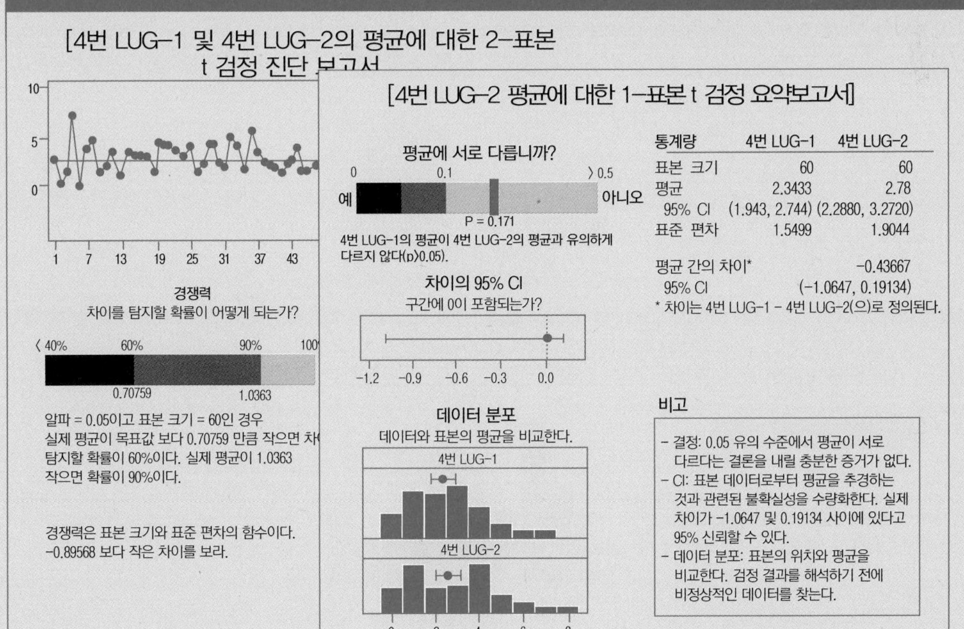

- 4번 Lug의 가접합과 본 용접 후 평균에 대한 2표본 차이검정에서 결과차이가 없어 가접의 영향이 본 용접에도 미친다고 결론을 내릴 수 있음.

[그림 4-34] 5번 Lug에 대한 가접 작업후 1표본 t 검정 결과

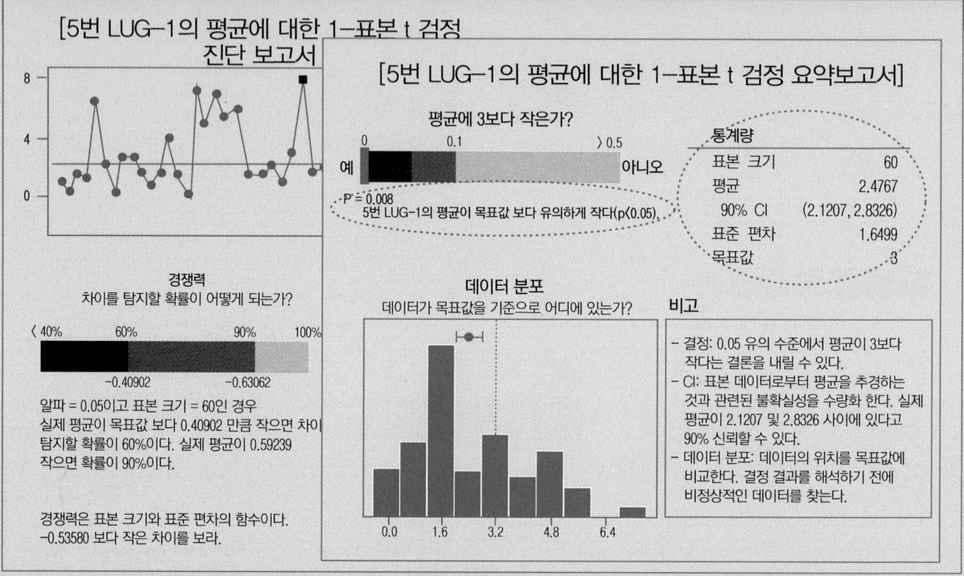

[그림 4-35] 5번 Lug에 대한 본용접후 1표본 t 검정 결과

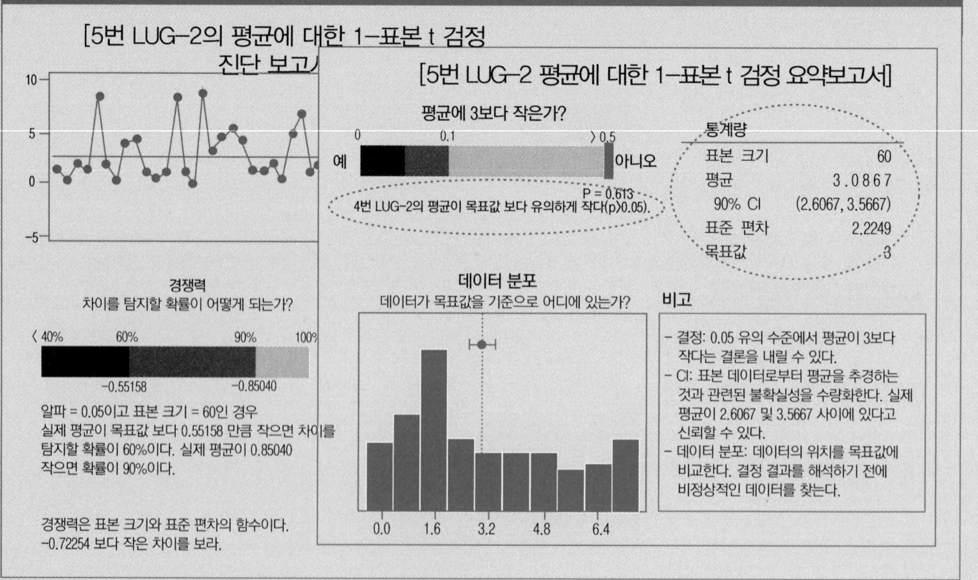

[그림 4-36] 5번 Lug에 대한 가접, 본용접 후 2표본 t 검정 결과

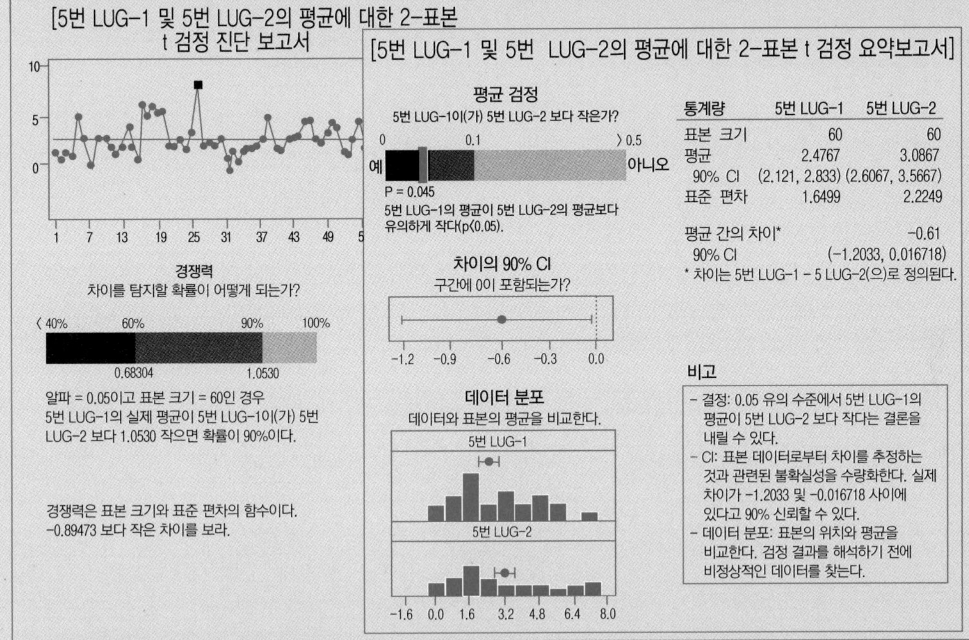

[그림 4-37] 4번, 5번 Lug에 본용접 후 2표본 t 검정 결과

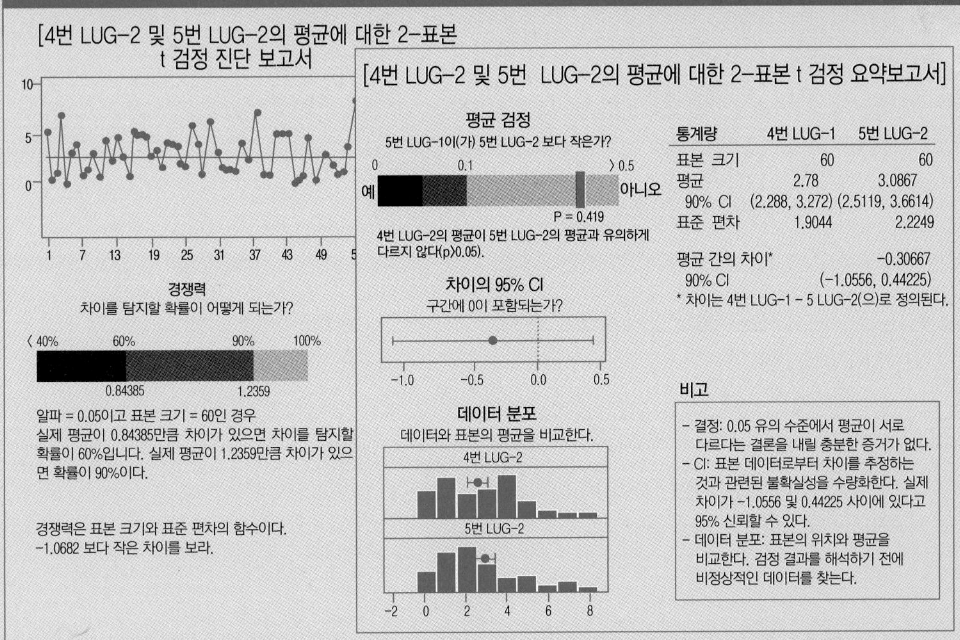

- 5번 Lug의 본용접 후 평균에 대한 검정결과는 유의 수준을 만족
- 5번 Lug의 본용접 후 평균에 대한 검정결과는 유의 수준을 만족
- 5번 Lug의 가접 후 및 본용접 후 두 표본의 차이 검정(2 표본 t 검정) 결과 차이가 나므로 가접의 영향이 본용접에도 미쳤다고 볼수 없음.
- 4번 Lug의 본용접 및 5번 Lug의 본용접후 두 표본의 차이 검정(2 표본 t 검정) 결과 차이가 나지 않으므로 본용접 후 4 번 및 5번 Lug의 영향도가 있다고 할 수 있음.

• 잠재적 원인변수(X's) 수집
  - 현장 작업공정 조사, 인터뷰, 브레인스토밍 등을 통하여 주요잠재원인에 대하여 아래와 같이 도출함.

[표 4-21] 잠재적 원인변수

구분	X	잠재적 X's	구분	X	잠재적 X's
사람	X01	인원부족에 따른 문제	작업방법	X17	비틀림발생
	X02	과중한 업무발생		X18	가접시 비틀림
	X03	개선여력 부족		X19	용접시 비틀림
	X04	기준미준수로 오는 불량		X20	가접후 이동시 변형
	X05	기준 내용이 복잡		X21	용접자체방법에서 오는 불량
	X06	제품지식 부족		X22	비틀림 발생
	X07	종류가 다양하여 혼선		X23	작업용 JIG문제
	X08	짧은 업무경력		X24	공정개선능력 부족
	X09	교육부족		X25	작업방법 기준 미준수
부품	X10	부품직각도 불량		X26	작업방법기준개정 문제
	X11	부품 기준모호	측정방법	X27	측정장소
	X12	시스템적 통제부족		X28	이동자체
	X13	부품불량 발생		X29	이동거리
	X14	무검사입고		X30	이동의반복
	X15	자주점사 미흡		X31	측정치
	X16	부품적치방법불량		X32	측정장비
				X33	측정자료관리

• 잠재요인 X's 에 대하여 연관성 및 중복성을 감안하여 다시 한 번 주요한 문제로 재정의
  - 주요원인 도출방법
    1) 현장조사 및 인터뷰
    2) 사전불량 자료 분석
    3) 브레인스토밍 활동을 통한 수집
    4) 잠재원인X's에 대한 연관성

• 재정의된 X's는 다음과 같다.

[표 4-22] 재정의된 원인변수(X's)

X	잠재적 원인변수 X's
X01	가접에서 탈거후 본용접시 변형됨(비틀림현상)
X02	작업시 측정 및 검사시 측정의 차이 발생
X03	용접공정자체에서 작업방법의 결함 문제
X04	측정 및 교정시 이동거리에 의한 loss문제
X05	4M 관리의 부재로 인한 문제
X06	절단상태에서 LUG정단면이 직각이 안된 경우
X07	부품자체의 불량
X08	인원부족에 따른 과중한 업무 및 skill부족 문제
X09	제품부족 및 교육훈련
X10	부품늬 적치 방법과 보관의 문제
X11	협력업체관리 시스템의 문제
X12	측정방법 및 자료관리
X13	개선여력 부족 및 skill 부족

• Multi Boating한 결과 평가점수의 90%에 해당하는 7 항목을 주요 Vital few X's로 선정

[표 4-23] vital few x's

X	잠재적 원인변수 X's	Multi Voting				평균	중앙치	최소값	최대값	차이	순위
		M1	M2	M3	M4						
X01	가접에서 탈거후 본용접시 변형됨(비틀림현상)	10	9	10	9	9.5	9.5	9	10	1	1
X02	작업시 측정 및 검사시 측정의 차이 발생	8	8	8	7	5.0	8.0	7	8	1	2
X03	용접공정자체에서 작업방법의 결함 문제	8	8	8	7	7.3	7.5	6	8	2	3
X04	측정 및 교정시 이동거리에 의한 loss문제	6	7	6	7	6.5	6.5	6	7	1	4
X05	4M 관리의 부재로 인한 문제	6	7	6	6	6.3	6.0	6	7	1	5
X06	절단상태에서 LUG정단면이 직각이 안된 경우	5	5	6	5	5.3	5.0	5	6	1	6
X07	부품자체의 불량	5	4	5	6	5.0	5.0	4	6	2	7
X08	인원부족에 따른 과중한 업무 및 skill부족 문제	4	5	5	5	4.8	5.0	4	5	1	8
X09	제품부족 및 교육훈련	5	4	5	5	4.8	5.0	4	5	1	8
X10	부품늬 적치 방법과 보관의 문제	4	4	5	5	4.5	4.5	4	5	1	10
X11	협력업체관리 시스템의 문제	4	3	5	4	4.0	4.0	3	5	2	11
X12	측정방법 및 자료관리	4	4	3	5	4.0	4.0	3	5	2	11
X13	개선여력 부족 및 skill 부족	3	4	4	4	3.8	4.0	3	4	1	13

• 구체적 잠재원인 수준 파악을 위한 파레토 분석

[그림 4-38] 파레토 분석 결과

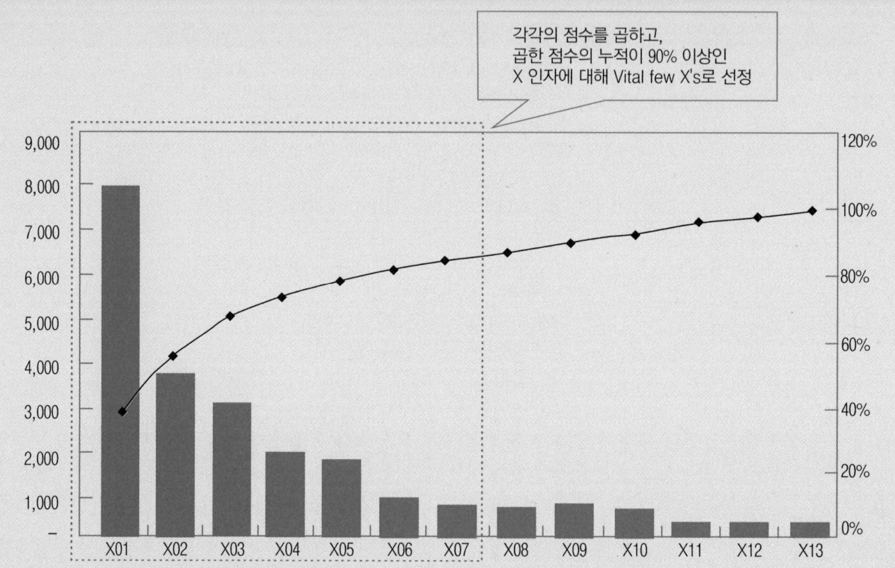

개선(Improvement)

• Vital Few X's에 대하여 주요 개선 방향을 설정함.

[표 4-24] vital x에 대한 개선방향 설정

CTQ	X	X's	개선 방향
CTQ(Y)= ARM LUG 용접 공정의 불량률 감소	X01	가접에서 탈거후 본용접시 비틀림 현상으로 대칭도 불량	용접용 Jig제작 및 용접 자동화
	X01-1	전용 Jig가 없이 작업	전용 Jig제작
	X01-2	부품 불량	부품업체 공정 audit 및 입고검사 방법 개선
	X01-3	작업표준 미준수	patrol audit실시
	X01-4	작업자 숙련도	작업자 skill향상
	X01-5	Assy 교정작업 Miss	교정작업방법개선
	X02	작업시 측정 및 검사시 측중의 차이 발생으로 대칭도 불량	측정용 전용 jig 제작 및 적용
	X03	측정 및 교정시 이동거리에 의한 loss 발생	작업표준서 재정비

• 각 vital x들에 대하여 세부 개선항목을 도출

[표 4-25] vital x에 대한 세부 개선항목 도출

X	X's	개선 방향
X01	용접용 Jig제작 및 용접 자동화	- 용접용 Jig제작 - 용접공정 자동화
X01-1	전용 Jig제작	- X01의 Jig와 동일
X01-2	부품업체 공정 audit 및 입고검사 방법 개선	- 부품업체 공정 Audit - 입고검사 방법 개선
X01-3	patrol audit실시	- patrol audit - 용접작업 표준서 개정
X01-4	작업자 skill향상	- 작업자 skill향상 방안
X01-5	교정작업 방법개선	- 교정작업 방법 개선
X02	측정용 전용 jig 제작 및 적용	- 측정용 전용 Jig 제작 및 적용
X03	작업표준서 재정비	- 작업표준서 재정비

• 세부개선항목에 대한 실현가능성 진단
  - 세부개선항목에 대해 X-Y matrix를 통해 실현성을 검토하여 채택여부를 결정

[표 4-26] 세부개선항목에 대한 실현 가능성 진단

세부개선항목	평가항목/가중치				총점	점유율 (%)4	채택여부
	경제성	효과성	실현성	용이성			
	10	5	7	3			
측정용전용 Jig제작 및 적용	3	5	5	3	99	13.7	채택
Patrol Audit	3	3	5	3	89	12.3	채택
용접작업 표준서 개정	3	1	5	5	85	11.7	채택
부품업체 공정 audit	3	3	3	3	75	10.4	채택
입고검사 방법 개선	3	3	3	3	75	10.4	채택
작업자 skill향상 방안	3	3	3	3	75	10.4	채택
교정작업 방법 개선	1	5	3	5	71	9.8	채택
작업표준서 재정비	3	1	3	3	65	9.0	불채택
용접용 Jig제작	1	5	1	1	45	6.2	불채택
용접공정 자동화	1	5	1	1	45	6.2	불채택

- 따라서 작업 표준서 재정비, 용접용 jig 제작, 용접공정 자동화외에 실현성이 높은 것으로 판단하여 채택하기로 결정
- 파레토 차트를 통하여 최종 7개 항목을 개선 item으로 선정.

[그림 4-39] 파레토 차트 결과

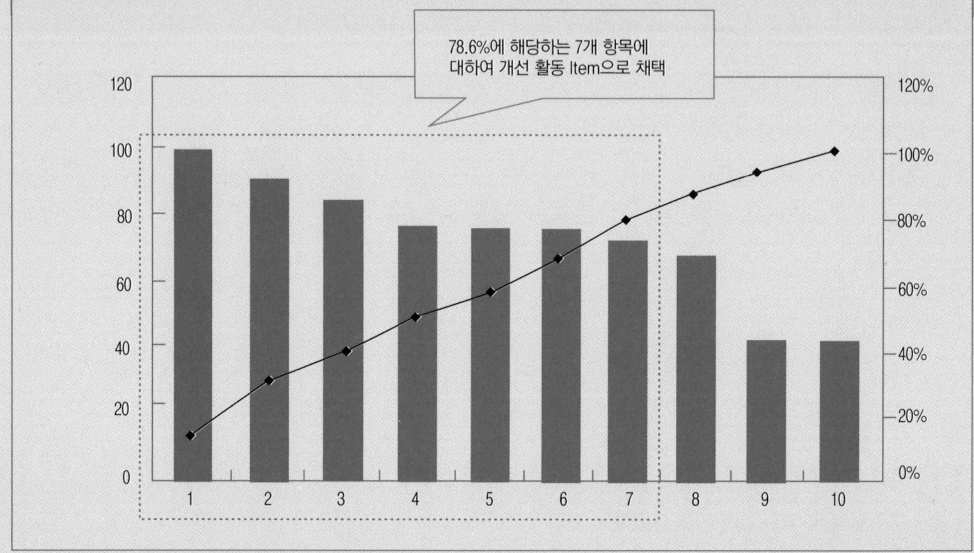

- 개선 아이디어의 발굴
  - 입고검사 기준 방법개선을 위해서는
    1) K기업 Line의 부품입고 검사기준
    2) 입고검사 Flow를 정립할 필요성이 제기

먼저 거래기업인 K기업 Line의 부품입고검사 기준은

- 검사기준서
- 검사성적서
- 검사항목
- 검사도면 에 따라 개발 및 설계변경 기준으로 입고검사는 아래와 같이 적용한다.

[그림 4-40] 입고검사 flow

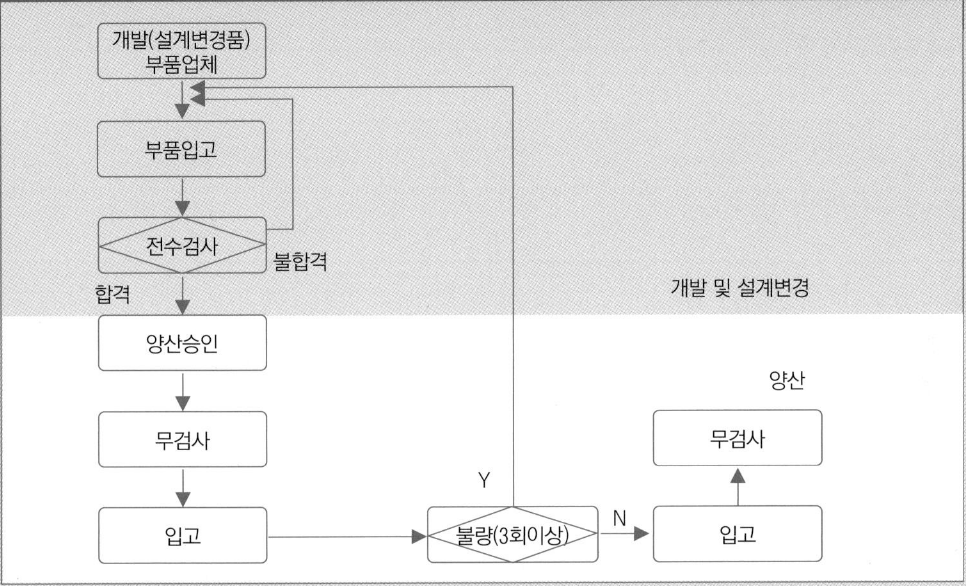

- 개발(시작품, 설계 변경품) 부품 전수검사
- 양산승인 후 부품은 무검사 입고
- 3회 이상 불량시 전수검사 (3회 이상 양품시 무검사로 전환)
- 단, 기타 특정한 부품에 한하여 품질보증부에서 기준을 정한 후 품질보증부서장의 승인으로 한다.
  - 우선 입고 검사 관련 작업 flow를 파악하였다.
  - 추가로 현장 검사활동의 세부내용을 점검하였다.

[표 4-27] 현장점검 세부사항

No	내용	세부내용	주관	주기	관련자료	비고
1	주간품질점검	주간품질 회의 사전준비 주간불량 분석 및 대책 공정 audit	품질보증부	1회/주	MRP QFA보고서	목요일
2	일일품질반성회	전날품질 반성회 안전/품질 의식 교육 안전/품질 구호 제창	소사장	1회/일	구두 교육자료	아침조회
3	주요공정 check	공정별 작업표준 준수 여부	생산부	1회/일	양식	품질보증부 모니터링

[그림 4-41] 품질검증 프로세스

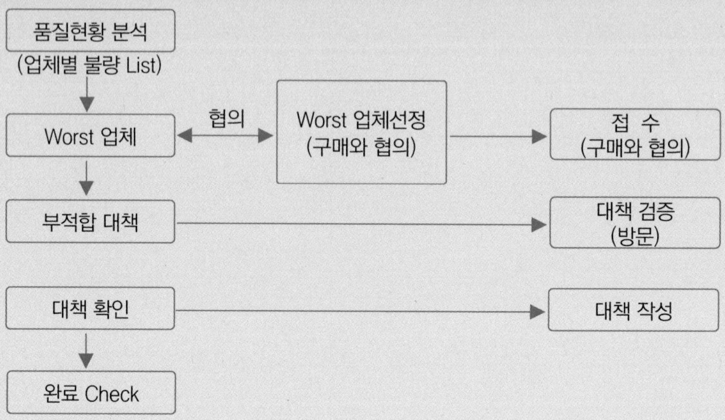

- 현재 부품업체의 불량개선을 위한 공정 검사절차에서는 대부분의 부품이 무검사로 입고되므로 주요 부품에 대하여 주요업체를 선정하여 입고품 불량에 대해서는 방문지도의 공정 Audit를 실시하여 불량을 최소화 함.
- 현재 운영중인 품질검증활동의 업무 프로세스를 확인하였다.
- 이러한 절차과정을 통해 구체적으로 가접 및 용접 작업에 대한 표준서를 개정하여 적용하였다.
- 표준작업서의 제정과 함께 교정 작업에 대한 방법을 개선하였다.
- 교정 작업에 대해서는 현재 적용하고 있는 교정 작업 표준서에 의한 작업을 실시하고 그 기준을 명확히 하여 4M에 의한 변동이 심하지 않도록 관리토록 함.

• 작업자: 현재 기능공 2명 보유(1명이 주 작업자이고 1명은 결원시 투입)

☞ 지속적 교육실시를 통한 작업표준서에 준한 작업 준수

• 작업장관리: 2개소(본용접 후 공정 및 측정 후 공정 위치) 지정운영을 통한 일관성 유지

• 제관용접의 공정관리를 위한 시행한 업무는 크게 공정관리, 완제품관리, 육안 검사부분으로 나누어 정리된다.

- 공정관리

소재관리 상태 (녹발생, 선입선출 관리)

소재절단, 단품의 정도 유지 (치수 / 면취)

용접 JIG 에 대한 정도유지관리 -주기적 정도 Check

용접작업자에 대한 기량별 관리 - 가접, 본접

내부용접 공정 관리 (누락, 용접품질)

단품용접사 틈새관리

단품보관 방법 개선 - 발청방지 취급주의

규정에 맞는 소재사용

용접후의 변형에 따른 교정작업

용접외관 품질수준 유지(W2 등급)

용접설비 및 작업조건 준수

용접위치 및 자세

Check Sheet 운영

- 완제품관리

용접 외관 검사 - 기공, 기포

용접부 검사 - 비파괴 검사

조립부 치수 관리

주요관리부 CHECK SHEET 운영

가공부 방청처리

운반관리 철저 - BANDING 찍힘

- 용접부의 육안 검사항목

ⓐ 각 장 (LEG LENGTH) ⓑ UNDER CUT

ⓒ OVERLAP ⓓ 용접누락

ⓔ 용접부 CRACK ⓕ BEAD 의 이음

ⓖ CRATER ⓗ BEAD 형상 & 높이

ⓘ BEAD 폭 불균일 ⓙ SPATTER

ⓚ 연결부의 어긋날 ⓛ 용입 깊이

• 마지막으로 작업자의 작업 기술을 높이기 위한 방안들을 마련하였다.
  - 작업자의 주요 Skill 향상을 위해서 용접사 기량평가 실시, 품질불량분석(Quality Fault Analysis) 및 현장품질 개선 교육 실시 등을 통하여 작업자의 능력향상을 유도하고 있고 특히 용접사 기량평가를 지속적으로 실시한다.

통제(Control)

- K기업 Line의 전체적인 품질관리지표 보고를 위해 월 1회 K기업 품질지표 보고를 실시하고 특히 K기업의 Claim(MRB)에 대해서는 주기적인 보고를 통하여 관리

- 주간품질회의는 현재 주별로 품질문제에 대한 분석 및 관련부문과 회의를 통하여 근본원인을 도출하여 해당부문에서 개선토록하고 QA에서 추가 작업이 이루어지도록 함.
- 용접기능 향상 및 인력운용을 위한 내용으로 용접사 기량평가를 통해 기능보유자를 지속적으로 늘이고 실행능력 향상을 유도(계획 및 실시, 이력관리 Card 를 작성)
- 현재 QA 부 인원을 3명에서 4명으로 증원

• 지속적 관리를 위한 관리지표의 확정

- 거래기업에 품목을 납품하기 위한 품질관리를 위해 다음과 같이 관리지표를 설정하여 관리토록 한다.

[표 4-28] 관리지표의 확정

관리지표	주요내용	관리주기	담당자	관련자료
월별 K기업 품질지표 보고	- 2010년 월별 불량 발생건수 - 업체별 발생건수와 점유율 현황 - 월별 claim건수, 유형 현황 - 반복 불량 개선 대책 - 월별 불량상세내역 조사	월	홍길동	월별 품질보고서
K기업 분석현황	- K기업의 발주 현황 - 월별 MRB 분석 현황	월	홍길동	월별 MRB 현황
주간품질회의	- 주간 품질 대책회의	주	김한국	주간 품질대책서
용접사 기량평가	- 평가계획 - 평가결과 - 기량 평가 이력관리	발생시	홍길동	용접사 기량 평가서
사내, 외주업체 감사	- 부품과 작업장별 감사 - 공정에 대한 감사	발생시	홍길동	감사보고서

• 목표 대비 실적 평가

- 측정용 Jig 미적용 상태로 CTQ(Y)의 대칭도를 4번, 5번 각각 측정한 결과를 기록한다.

[표 4-29] CTQ에 대한 개선 수준

CTQ(Y)	현수준		개선목표		9월실적		진척율 (%)
	Defect (PPM)	σ 수준	Defect (PPM)	σ 수준	Defect (PPM)	σ 수준	
4번 LUG 대칭도(Y1)	367.778	1.81	6,210	4.0	25.,172	2.18	55%
5번 LUG 대칭도(Y1)	486.855	1.54	6,210	4.0	95,874	2.92	73%

• 개선이 발생한 주요 원인들을 정리한다.

- 측정용 Jig를 제외한 6개 항목에 대한 부분적 실시 및 적용 교육을 통한 작업자의 품질 마인드 향상 때문인 것으로 판단된다.
- 측정용 Jig 작업 적용 및 주요개선 6항목을 이행할 때 목표달성이 가능할 것으로 판단되며 향후 사후 관리 활동을 통하여 개선후의 대칭도에 대해서는 다시 한 번 측정하여 목표와 비교 및 현상을 점검할 계획이다.

• 개선 수준을 판단하기 위해 lug에 대한 공정능력을 분석

[그림 4-42] 4번 lug에 대한 공정능력분석

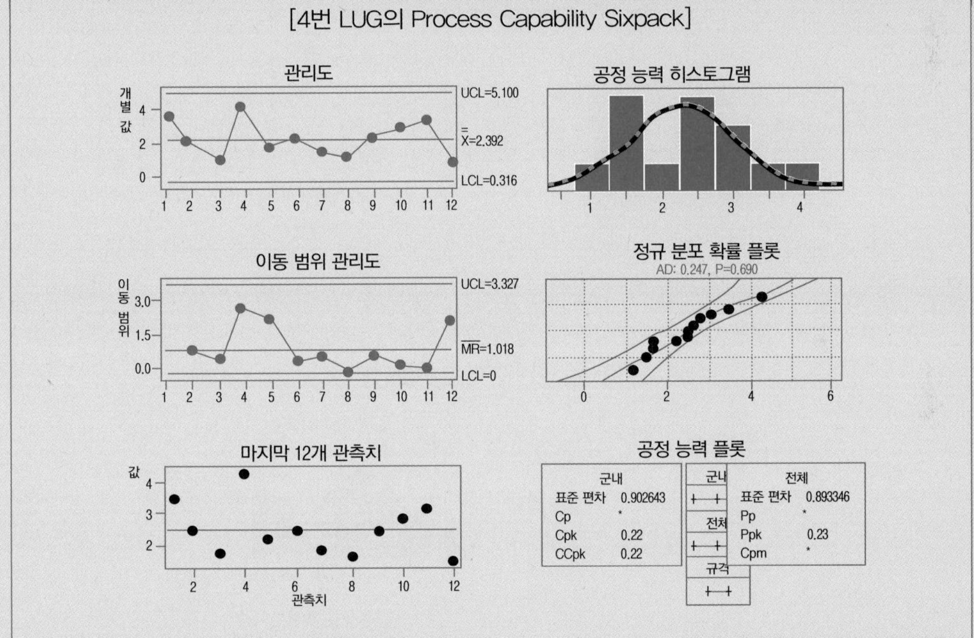

- 전반적으로 4번 lug에서 공정개선 이전에 비하여 공정능력이 향상된 것을 확인할 수 있다. 동일한 절차를 5번 lug에 대해서도 실시하였다.
- 4번 lug의 6시그마 프로그램 개시 이전의 시그마 수준은 1.81이였으나 2.18로 소폭 상승한 것으로 확인되었다.

[그림 4-43] 4번 lug의 공정능력분석을 통한 시그마 수준

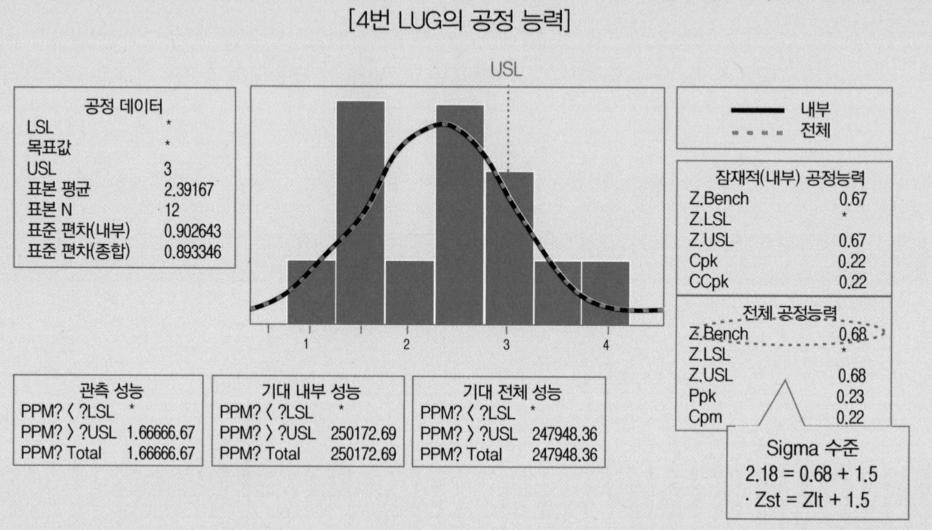

[그림 4-44] 5번 lug에 대한 공정능력분석

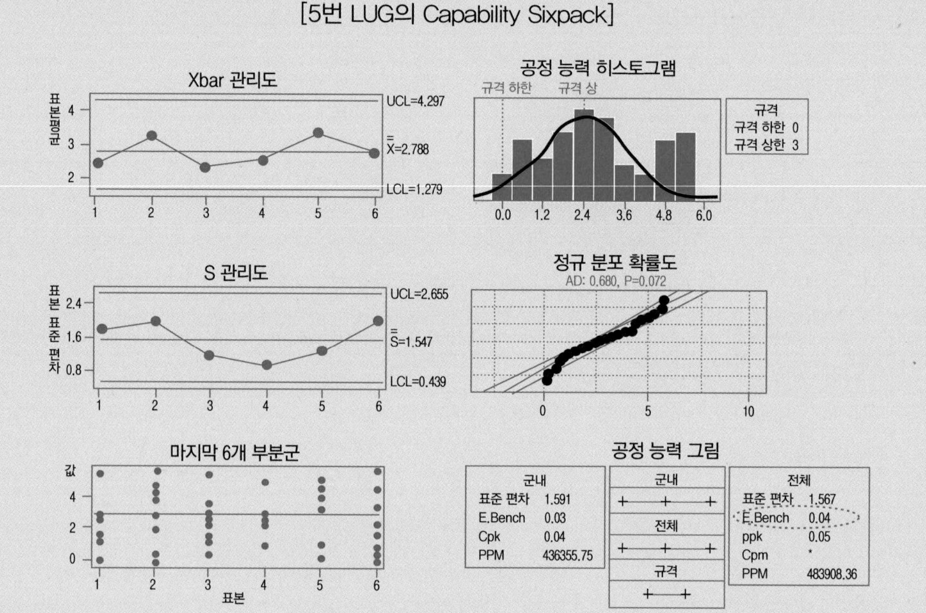

[그림 4-45] 5번 lug의 공정능력분석을 통한 시그마 수준

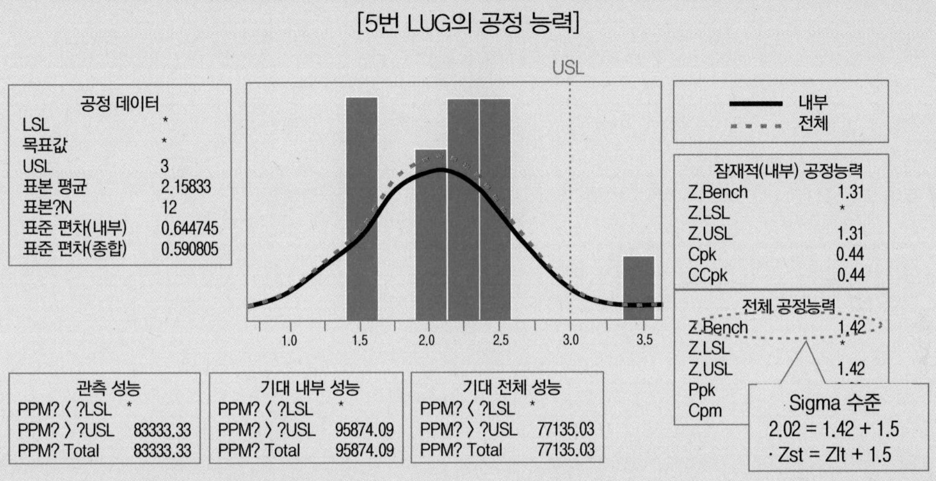

- 4번 lug와 동일하게 공정능력의 향상으로 시그마 수준이 양호한 수준으로 상승한 것을 확인할 수 있다.
- 5번 lug의 6시그마 프로그램 개시 이전의 시그마 수준은 1.54였으나 2.92로 상승한 것이 확인되었다.

• 관리계획서의 작성
  - Lug 대칭도에 대해서는 주기적으로 Data를 측정하여 CTQ(Y) 평가를 실시하도록 한다
    a. Data 수집 주기: 분기
    b. CTQ(Y) 평가회의 실시: 분기
    c. Data 수집 계획

[표 4-30] CTQ에 대한 관리계획서

CTQ(Y)	Data 측정 (공차)	Data 크기		측정치
		Jig측정	3차원 측정	
CTQ(Y):ARM LUG 공정의 대칭도 불량 개선	4번 LUG	6	6	작업자 / QA
	5번 LUG	6	6	작업자 / QA

- 각각 3mm 이내 공차수준을 지속적으로 측정하고 1차 목표인 4 시그마 수준유지 및 지속적 개선을 통하여 6시그마 수준까지 달성할 수 있도록 계획을 구체적으로 실행한다.

• 주요 개선항목에 대한 관리계획

[표 4-31] 주요 항목에 대한 관리계획

개선항목	주요 factor	관리주기	진행상태	담당	비고
측정용 전용 JIG 제작	JIG 투자 집고	1회	진행중	김ㅇㅇ	제작 중
Patrol Audit	Patrol Audit	분기	진행중	김ㅇㅇ	
용접작업 표준서 개정	표준서 개정	발생시	완료	홍ㅇㅇ	
부품업체 공정 Audit	부품업체 공정 Audit 실시	월	진행중	홍ㅇㅇ	
입고검사 방법 개선	Part Audit	발생시	진행중	이ㅇㅇ	
작업자 Skill 향상 방안	용접사 중간 평가	2회/년	계획중	홍ㅇㅇ	11월 실시
교정작업 방법개선	교정작업 방법 개선			홍ㅇㅇ	

• CTQ의 개선 수준

[표 4-32] CTQ의 중간 개선수준

KPI	목표	개선전	개선후	실적	진척율 (%)	산출근거	비고
불량 율 개선(konz)	50%	2.45%	1.22%	1.85%	66%	품질불량율	9월기준
6시그마 테마 해결	1건	-	1건	1건	100%	테마개선건수	
품질개선	10건	-	10건	11건	110%	테마개선건수	

- 아직은 최종목표에 대비 절반이 조금 넘는 목표 달성률을 보이고 있어 향후 지속적이며 안정적인 개선 노력이 필요하다.
- 전체 불량률은 2.45% 에서 9월 현재 1.85% 로 개선되고 있으며 측정용 Jig 적용 후 예상효과는 목표를 초과 달성할 것으로 보임(현재 7~9월 3개월 Rolling 은 0.54% 로 초과 달성됨).
- 6시그마 프로젝트는 완료되었지만 투자가 수반되고 있는 측정용 Jig는 제작 중에 있음.
- 품질개선은 목표 10건 중 11건이 완료되었으며 지속적 개선계획을 수립하여 추진하고 있음.

사례 연구 3

"원조 6시그마 기업"이 말하는 6시그마

○ 6시그마의 원조는 미국의 모토로라다. 그러나 세계적으로 유행시킨 것은 지난 95년 당시 잭 웰치 회장 시절의 GE다. 세계 기업들은 정도의 차이만 있을 뿐 이들 두 회사들의 시행착오를 연구하며 벤치마킹하고 있다고 할 수 있다. "원조 6시그마 기업"이 말하는 6시그마의 진정한 의미와 이들 기업들이 한국에서 펼치고 있는 6시그마 활동을 살펴봤다.

GE의 6시그마는 인사관리와 밀접히 연계되는 것이 특징이다. GE에는 6시그마를 주관하는 '퀄리티(Quality) 팀'이라는 조직이 있는데 이는 GE 내부에선 최고경영자를 육성하는 MBA 코스다. GE는 임직원을 '20.70.10'에 따라 나누고 이중 가장 출중한 상위 20%의 인력은'퀄리티 팀'에서 최소한 1년 6개월 이상 일하게한다.

이곳에서 이들은 프로젝트 관리기법인 'DMAIC'과 팀워크 증진 기법을 교육받은 후 시험을 통과해야한다. 이후 블랙벨트(BB)를 따려면 프로젝트 2개 이상,마스터블랙벨트(MBB)는 자신의 프로젝트 2개에다 BB나 그린벨트(GB)프로젝트 10개 이상을 지도해야 한다.

BB와 MBB를 취득하는 과정에서 특히 중요한 것은 리더십을 배운다는 점이다. 성공적인 BB와 MBB가 되면 GE의 리더로 인정받아 타 부서로 승진 발령된다. 6시그마 교육을 거치지 않으면 핵심 인력으로 승진이 불가능한 것이다.

한국에 들어와 있는 GE의 17개 법인 가운데 독특한 6시그마 활동으로 미국 본사에까지 이름을 떨친 회사가 있다. 바로 연간 1조원에 달하는 운영자금을 굴리는 GE캐피탈. GE캐피탈코리아의 대표적인 6시그마 성공 케이스는 'GTN 디스커넥션(disconnection)'이다.

이 프로젝트는 본사인 미국과 연결하는 보다 빠르고 안정적인 라인을 찾기 위해 기존에 사용하던 네트워크인 'GTN'을 끊고 대신 'VPN'을 연결하는 것이었다. 프로젝트가 성공하면 쉽고 간단하게 경비를 절약할 수 있고 다른 아시아 GE캐피탈 법인에도 영향을 미치게 되어 있었다.

문제는 단순히 주파수 대역폭이 넓다고 속도와 안정성이 개선되지는 않기 때문에 가장 안정적인 라인을 찾기 위해 주변의 허브들을 뒤져야했다는 것. GE캐피탈코리아는 6시그마에 따라 홍콩 호주 등 각 지역 허브의 대역폭과 스크린 로딩속도 등을 비교 분석해 한 달 만에 호주 맬버른에 있는 빠르고 안정적인 허브를 찾아냈다.

프로젝트가 성공함에 따라 '포트 차지(Port charge)'를 줄여 GE캐피탈코리아는 연간 1만 4천 달러를 절약하게 되었고 다른 아시아 법인도 연달아 허브를 옮겨 연간 14만 달러의 비용을 절약할 수 있었다. GE캐피탈코리아는 "6시그마의 위력은 직원들에게 자발적으로 프로젝트를 찾아 회사의 경비절감과 생산성향상을 추구하게 만든다는 것과 직원 각자가 리더십을 갖고 적극적으로 경력을 개발하게 유도한다는 것" 이라고 말했다.

한국경제 2003.3.3

부록

통계분포표

[표A-1] 표준정규분포표

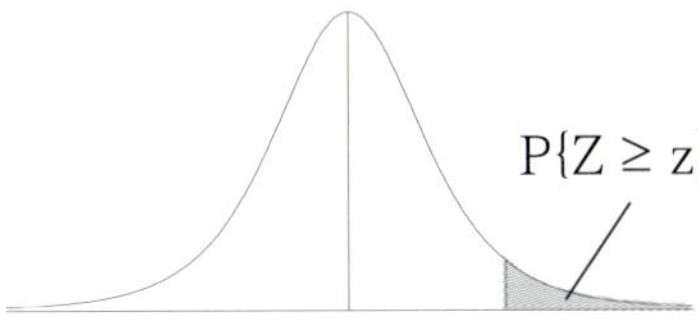

$$P\{Z \geq z\} = \int_{z}^{\infty} \frac{1}{\sqrt{2\pi}} e^{-\frac{1}{2}x^2}$$

$P\{Z \geq z\}$

z	0.00	0.01	0.02	0.03	0.04	0.05	0.06	0.07	0.08	0.09
0.0	0.5000	0.4960	0.4920	0.4880	0.4840	0.4801	0.4761	0.4721	0.4681	0.4641
0.1	0.4602	0.4562	0.4522	0.4483	0.4443	0.4404	0.4364	0.4325	0.4286	0.4247
0.2	0.4207	0.4168	0.4129	0.4090	0.4052	0.4013	0.3974	0.3936	0.3897	0.3859
0.3	0.3821	0.3783	0.3745	0.3707	0.3669	0.3632	0.3594	0.3557	0.3520	0.3483
0.4	0.3446	0.3409	0.3372	0.3336	0.3300	0.3264	0.3228	0.3192	0.3156	0.3121
0.5	0.3085	0.3050	0.3015	0.2981	0.2946	0.2912	0.2877	0.2843	0.2810	0.2776
0.6	0.2743	0.2709	0.2676	0.2643	0.2611	0.2578	0.2546	0.2514	0.2483	0.2451
0.7	0.2420	0.2389	0.2358	0.2327	0.2296	0.2266	0.2236	0.2206	0.2177	0.2148
0.8	0.2119	0.2090	0.2061	0.2033	0.2005	0.1977	0.1949	0.1922	0.1894	0.1867
0.9	0.1841	0.1814	0.1788	0.1762	0.1736	0.1711	0.1685	0.1660	0.1635	0.1611
1.0	0.1587	0.1562	0.1539	0.1515	0.1492	0.1469	0.1446	0.1423	0.1401	0.1379
1.1	0.1357	0.1335	0.1314	0.1292	0.1271	0.1251	0.1230	0.1210	0.1190	0.1170
1.2	0.1151	0.1131	0.1112	0.1093	0.1075	0.1056	0.1038	0.1020	0.1003	0.0985
1.3	0.0986	0.0951	0.0934	0.0918	0.0901	0.0885	0.0869	0.0853	0.0838	0.0823
1.4	0.0808	0.0793	0.0778	0.0764	0.0749	0.0735	0.0721	0.0708	0.0694	0.0681
1.5	0.0668	0.0655	0.0643	0.0630	0.0618	0.0606	0.0594	0.0582	0.0571	0.0559
1.6	0.0548	0.0537	0.0526	0.0516	0.0505	0.0495	0.0485	0.0475	0.0465	0.0455
1.7	0.0446	0.0436	0.0427	0.0418	0.0409	0.0401	0.0392	0.0384	0.0375	0.0367
1.8	0.0359	0.0351	0.0344	0.0336	0.0329	0.0322	0.0314	0.0307	0.0301	0.0294
1.9	0.0287	0.0281	0.0274	0.0268	0.0262	0.0256	0.0250	0.0244	0.0239	0.0233
2.0	0.0228	0.0222	0.0217	0.0212	0.0207	0.0202	0.0197	0.0192	0.0188	0.0183
2.1	0.0179	0.0174	0.0170	0.0166	0.0162	0.0158	0.0154	0.0150	0.0146	0.0143
2.2	0.0139	0.0136	0.0132	0.0129	0.0125	0.0122	0.0119	0.0116	0.0113	0.0110
2.3	0.0107	0.0104	0.0102	0.0099	0.0096	0.0094	0.0091	0.0089	0.0087	0.0084
2.4	0.0082	0.0080	0.0078	0.0075	0.0073	0.0071	0.0069	0.0068	0.0066	0.0064
2.5	0.0062	0.0060	0.0059	0.0057	0.0055	0.0054	0.0052	0.0051	0.0049	0.0048
2.6	0.0047	0.0045	0.0044	0.0043	0.0041	0.0040	0.0039	0.0038	0.0037	0.0036
2.7	0.0035	0.0034	0.0033	0.0032	0.0031	0.0030	0.0029	0.0028	0.0027	0.0026
2.8	0.0026	0.0025	0.0024	0.0023	0.0023	0.0022	0.0021	0.0021	0.0020	0.0019
2.9	0.0019	0.0018	0.0018	0.0017	0.0016	0.0016	0.0015	0.0015	0.0014	0.0014
3.0	0.0013	0.0013	0.0013	0.0012	0.0012	0.0011	0.0011	0.0011	0.0010	0.0010
3.1	0.0010	0.0009	0.0009	0.0009	0.0008	0.0008	0.0008	0.0008	0.0007	0.0007
3.2	0.0007	0.0007	0.0006	0.0006	0.0006	0.0006	0.0006	0.0005	0.0005	0.0005
3.3	0.0005	0.0005	0.0005	0.0004	0.0004	0.0004	0.0004	0.0004	0.0004	0.0003
3.4	0.0003	0.0003	0.0003	0.0003	0.0003	0.0003	0.0003	0.0003	0.0003	0.0002
3.5	0.0002	0.0002	0.0002	0.0002	0.0002	0.0002	0.0002	0.0002	0.0002	0.0002
3.6	0.0002	0.0002	0.0001	0.0001	0.0001	0.0001	0.0001	0.0001	0.0001	0.0001
3.7	0.0001	0.0001	0.0001	0.0001	0.0001	0.0001	0.0001	0.0001	0.0001	0.0001
3.8	0.0001	0.0001	0.0001	0.0001	0.0001	0.0001	0.0001	0.0001	0.0001	0.0001
3.9	0.0000	0.0000	0.0000	0.0000	0.0000	0.0000	0.0000	0.0000	0.0000	0.0000

[표A-2] t-분포표

$$P\{T \geq t_{(q\ ;\ \nu)}\} = q$$

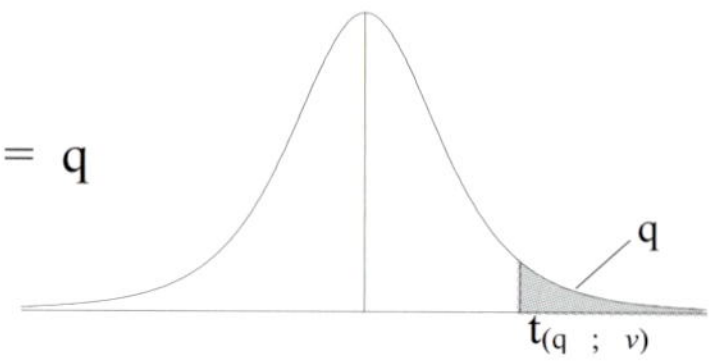

자유도	꼬리확률 q									
ν	0.4	0.25	0.1	0.05	0.025	0.01	0.005	0.0025	0.001	0.0005
1	0.325	1.000	3.078	6.314	12.706	31.821	63.657	127.32	318.31	636.62
2	0.289	0.816	1.886	2.920	4.303	6.965	9.925	14.089	23.326	31.598
3	0.277	0.765	1.638	2.353	3.182	4.541	5.841	7.453	10.213	12.924
4	0.271	0.741	1.533	2.132	2.776	3.747	4.604	5.598	7.173	8.610
5	0.267	0.727	1.476	2.015	2.571	3.365	4.032	4.773	5.893	6.869
6	0.265	0.718	1.440	1.943	2.447	3.143	3.707	4.317	5.208	5.959
7	0.263	0.711	1.415	1.895	2.365	2.998	3.499	4.029	4.785	5.408
8	0.262	0.706	1.397	1.860	2.306	2.896	3.355	3.833	4.501	5.041
9	0.261	0.703	1.383	1.833	2.262	2.821	3.250	3.690	4.297	4.781
10	0.260	0.700	1.372	1.812	2.228	2.764	3.169	3.581	4.144	4.587
11	0.260	0.697	1.363	1.796	2.201	2.718	3.106	3.497	4.025	4.437
12	0.259	0.695	1.356	1.782	2.179	2.681	3.055	3.428	3.930	4.318
13	0.259	0.694	1.350	1.771	2.160	2.650	3.012	3.372	3.852	4.221
14	0.258	0.692	1.345	1.761	2.145	2.624	2.977	3.326	3.787	4.140
15	0.258	0.691	1.341	1.753	2.131	2.602	2.947	3.286	3.733	4.073
16	0.258	0.690	1.337	1.746	2.120	2.583	2.921	3.252	3.686	4.015
17	0.257	0.689	1.333	1.740	2.110	2.567	2.898	3.222	3.646	3.965
18	0.257	0.688	1.330	1.734	2.101	2.552	2.878	3.197	3.610	3.922
19	0.257	0.688	1.328	1.729	2.093	2.539	2.861	3.174	3.579	3.883
20	0.257	0.687	1.325	1.725	2.086	2.528	2.845	3.153	3.552	3.850
21	0.257	0.686	1.323	1.721	2.080	2.518	2.831	3.135	3.527	3.819
22	0.256	0.686	1.321	1.717	2.074	2.508	2.819	3.119	3.505	3.792
23	0.256	0.685	1.319	1.714	2.069	2.500	2.807	3.104	3.485	3.767
24	0.256	0.685	1.318	1.711	2.064	2.492	2.792	3.091	3.467	3.745
25	0.256	0.684	1.316	1.708	2.060	2.485	2.787	3.078	3.450	3.725
26	0.256	0.684	1.315	1.706	2.056	2.479	2.779	3.067	3.435	3.707
27	0.256	0.684	1.314	1.703	2.052	2.473	2.771	3.057	3.421	3.690
28	0.256	0.683	1.313	1.701	2.048	2.467	2.763	3.047	3.408	3.674
29	0.256	0.683	1.311	1.699	2.045	2.462	2.756	3.038	3.396	3.659
30	0.256	0.683	1.310	1.697	2.042	2.457	2.750	3.030	3.385	3.646
40	0.255	0.681	1.303	1.684	2.021	2.423	2.704	2.971	3.307	3.551
60	0.254	0.679	1.296	1.671	2.000	2.390	2.660	2.915	3.232	3.460
120	0.254	0.677	1.289	1.658	1.980	2.358	2.617	2.860	3.160	3.373
◎	0.253	0.674	1.282	1.645	1.960	2.326	2.576	2.807	3.090	3.291

[표 A-3] χ^2- 분포표

$$P\{\chi^2 \geq \chi^2_{(q;\ v)}\} = q$$

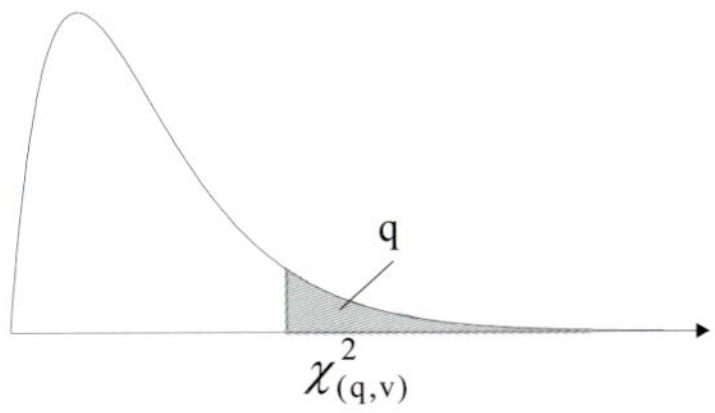

자유도 v	꼬리확률 q							
	0.995	0.99	0.975	0.95	0.05	0.025	0.01	0.005
1	$0.0^{4}393$	$0.0^{3}157$	$0.0^{3}982$	$0.0^{2}393$	3.841	5.024	6.635	7.879
2	0.0100	0.0201	0.0506	0.103	5.991	7.378	9.210	10.597
3	0.0717	0.115	0.216	0.352	7.815	9.348	11.345	12.838
4	0.207	0.297	0.484	0.711	9.488	11.143	13.277	14.860
5	0.412	0.554	0.831	1.145	11.070	12.832	15.086	16.750
6	0.676	0.872	1.237	1.635	12.592	14.449	16.812	18.548
7	0.969	1.239	1.690	2.167	14.067	16.013	18.475	20.278
8	1.344	1.646	2.180	2.733	15.507	17.535	20.090	21.955
9	1.735	2.088	2.700	3.325	16.919	19.023	21.666	23.589
10	2.156	2.558	3.247	3.940	18.307	20.483	23.209	25.188
11	2.603	3.053	3.816	4.575	19.675	21.920	24.725	26.757
12	3.074	3.571	4.404	5.226	21.026	23.337	26.217	28.300
13	3.565	4.107	5.009	5.892	22.362	24.736	27.688	29.819
14	4.075	4.660	5.629	6.571	23.685	26.119	29.141	31.319
15	4.601	5.229	6.262	7.261	24.996	27.448	30.578	32.801
16	5.142	5.812	6.908	7.962	26.296	28.845	32.000	34.267
17	5.697	6.408	7.564	8.672	27.587	30.191	33.409	35.718
18	6.265	7.015	8.231	9.390	28.869	31.526	34.805	37.156
19	6.844	7.633	8.907	10.117	30.144	32.852	36.191	38.582
20	7.434	8.260	9.591	10.851	31.410	34.170	37.566	39.997
21	8.034	8.897	10.283	11.591	32.671	35.479	38.932	41.401
22	8.643	9.542	10.982	12.338	33.924	36.781	40.289	42.796
23	9.260	10.196	11.689	13.091	35.172	38.076	41.638	44.181
24	9.886	10.856	12.401	13.848	36.415	39.364	42.980	45.558
25	10.520	11.524	13.120	14.611	37.652	40.646	44.314	46.928
26	11.160	12.198	13.844	15.379	38.885	41.923	45.642	48.290
27	11.808	12.879	14.573	16.151	40.113	43.194	46.963	49.645
28	12.461	13.565	15.308	16.928	41.337	44.461	48.278	50.993
29	13.121	14.256	16.047	17.708	42.557	45.722	49.588	52.336
30	13.787	14.953	16.791	18.493	43.773	46.979	50.892	53.672
40	20.707	22.165	24.433	26.509	55.758	59.342	63.691	66.766
50	27.991	29.707	32.357	34.764	67.505	71.420	76.154	79.490
100	67.328	70.065	74.222	77.929	124.342	129.561	135.807	140.169

[표 A-4] F-분포표

$$P\{F \geq F_{(q;\nu_1,\nu_2)}\} = q$$

$$F_{(1-q;\nu_1,\nu_2)} = \frac{1}{F_{(q;\nu_2,\nu_1)}}$$

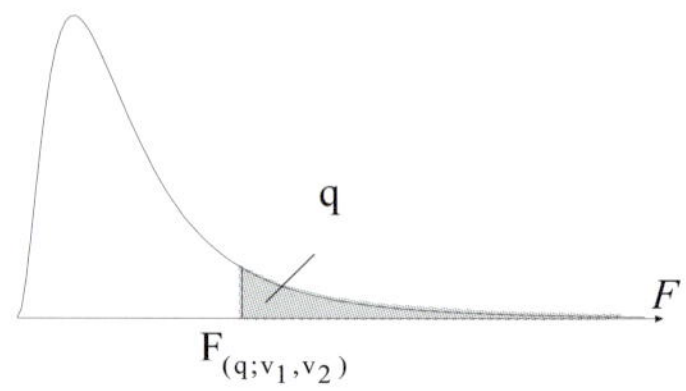

ν_2	q	분자자유도 ν_1								
		1	2	3	4	5	6	7	8	9
1	0.10	39.9	49.5	53.6	55.8	57.2	58.2	58.9	k. 4	59.9
	0.05	161	200	216	225	230	234	237	239	241
	0.025	648	800	864	900	922	937	948	957	963
	0.01	4,052	5,000	5,403	5,625	5,764	5,859	5,928	5,981	6,022
2	0.10	8.53	9.00	9.16	9.24	9.29	9.33	9.35	9.37	9.38
	0.05	18.5	19.0	19.2	19.2	19.3	19.3	19.4	19.4	19.4
	0.025	38.5	39.0	39.2	39.3	39.3	39.3	39.4	39.4	39.4
	0.01	98.5	99.0	99.2	99.2	99.3	99.3	99.4	99.4	99.4
3	0.10	5.54	5.46	5.39	5.34	5.31	5.28	5.27	5.25	5.24
	0.05	10.1	9.55	9.28	9.12	9.01	8.94	8.89	8.85	8.81
	0.025	17.4	16.0	15.4	15.1	14.9	14.7	14.6	14.5	14.5
	0.01	34.1	30.8	29.5	28.7	28.2	27.9	27.7	27.5	27.3
4	0.10	4.54	4.32	4.19	4.11	4.05	4.01	3.98	3.95	3.94
	0.05	7.71	6.94	6.59	6.39	6.26	6.16	6.09	6.04	6.00
	0.025	12.2	10.7	9.98	9.60	9.36	9.20	9.07	8.98	8.90
	0.01	21.2	18.0	16.7	16.0	15.5	15.2	15.0	14.8	14.7
5	0.10	4.06	3.78	3.62	3.52	3.45	3.40	3.37	3.34	3.32
	0.05	6.61	5.79	5.41	5.19	5.05	4.95	4.88	4.82	4.77
	0.025	10.0	8.43	7.76	7.39	7.15	6.98	6.85	6.76	6.68
	0.01	16.3	13.3	12.1	11.4	11.0	10.7	10.5	10.3	10.2
6	0.10	3.78	3.46	3.29	3.18	3.11	3.05	3.01	2.98	2.96
	0.05	5.99	5.14	4.76	4.53	4.39	4.28	4.21	4.15	4.10
	0.025	8.81	7.26	6.60	6.23	5.99	5.82	5.70	5.60	5.52
	0.01	13.7	10.9	9.78	9.15	8.75	8.47	8.26	8.10	7.98
7	0.10	3.59	3.26	3.07	2.96	2.88	2.83	2.78	2.75	2.72
	0.05	5.59	4.74	4.35	4.12	3.97	3.87	3.79	3.73	3.68
	0.	8.07	6.54	5.89	5.52	5.29	5.12	4.99	4.90	4.82
	025	12.2	9.55	8.45	7.85	7.46	7.19	6.99	6.84	6.72
	0.01									
8	0.10	3.46	3.11	2.92	2.81	2.73	2.67	2.62	2.59	2.56
	0.05	5.32	4.46	4.07	3.84	3.69	3.58	3.50	3.44	3.39
	0.025	7.57	6.06	5.42	5.05	4.82	4.65	4.53	4.43	4.36
	0.01	11.3	8.65	7.59	7.01	6.63	6.37	6.18	6.03	5.91
9	0.10	3.36	3.01	2.81	2.69	2.61	2.55	2.51	2.47	2.44
	0.05	5.12	4.26	3.86	3.63	3.48	3.37	3.29	3.23	3.18
	0.025	7.21	5.71	5.08	4.72	4.48	4.32	4.20	4.10	4.03
	0.01	10.6	8.02	6.99	6.42	6.06	5.80	5.61	5.47	5.35
10	0.10	3.29	2.92	2.73	2.61	2.52	2.46	2.41	2.38	2.35
	0.05	4.96	4.10	3.71	3.48	3.33	3.22	3.14	3.07	3.02
	0.025	6.94	5.46	4.83	4.47	4.24	4.07	3.95	3.85	3.78
	0.01	10.0	7.56	6.55	5.99	5.64	5.39	5.20	5.06	4.94
11	0.10	3.23	2.86	2.66	2.54	2.45	2.39	2.34	2.30	2.27
	0.05	4.84	3.98	3.59	3.36	3.20	3.09	3.01	2.95	2.90
	0.025	6.72	5.26	4.63	4.28	4.04	3.88	3.76	3.66	3.59
	0.01	9.65	7.21	6.22	5.67	5.32	5.07	4.89	4.74	4.63
12	0.10	3.18	2.81	2.61	2.48	2.39	2.33	2.28	2.24	2.21
	0.05	4.75	3.89	3.49	3.26	3.11	3.00	2.91	2.85	2.80
	0.025	6.55	5.10	4.47	4.12	3.89	3.73	3.61	3.51	3.44
	0.01	9.33	6.93	5.95	5.41	5.06	4.82	4.64	4.50	4.39

ν_2	q	분자자유도 ν_1									
		10	11	12	15	20	24	30	60	120	◎
1	0.10	60.2	60.5	60.7	61.2	61.7	62.0	62.3	62.8	63.1	63.3
	0.05	242	243	244	246	248	249	250	252	253	254
	0.025	969	973	977	985	993	997	1001	1010	1014	1018
	0.01	6,056	6,082	6,106	6,157	6,209	6,235	6,261	6,313	6,339	6,366
2	0.10	9.39	9.40	9.41	9.42	9.44	9.45	9.46	9.47	9.48	9.49
	0.05	19.4	19.4	19.4	19.4	19.4	19.5	19.5	19.5	19.5	19.5
	0.025	39.4	39.4	39.4	39.4	39.5	39.5	39.5	39.5	39.5	39.5
	0.01	99.4	99.4	99.4	99.4	99.4	99.5	99.5	99.5	99.5	99.5
3	0.10	5.23	5.22	5.22	5.20	5.18	5.18	5.17	5.15	5.14	5.13
	0.05	8.79	8.76	8.74	8.70	8.66	8.64	8.62	8.57	8.55	8.53
	0.025	14.4	14.4	14.3	14.3	14.2	14.1	14.1	14.0	14.0	13.9
	0.01	27.2	27.1	27.1	26.9	26.7	26.6	26.5	26.3	26.2	26.1
4	0.10	3.92	3.91	3.90	3.87	3.84	3.83	3.82	3.79	3.78	3.76
	0.05	5.96	5.94	5.91	5.85	5.80	5.77	5.75	5.69	5.66	5.63
	0.025	8.84	8.80	8.75	8.66	8.56	8.51	8.46	8.36	8.31	8.26
	0.01	14.5	14.4	14.4	14.2	14.0	13.9	13.8	13.7	13.6	13.5
5	0.10	3.30	3.28	3.27	3.24	3.21	3.19	3.17	3.14	3.12	3.11
	0.05	4.74	4.71	4.68	4.62	4.56	4.53	4.50	4.43	4.40	4.37
	0.025	6.62	6.57	6.52	6.43	5.33	6.28	6.23	6.12	6.07	6.02
	0.01	10.1	9.96	9.89	9.72	9.55	9.47	9.38	9.20	9.11	9.02
6	0.10	2.94	2.92	2.90	2.87	2.84	2.82	2.80	2.76	2.74	2.72
	0.05	4.06	4.03	4.00	3.94	3.87	3.84	3.81	3.74	3.70	3.67
	0.025	5.46	5.41	5.27	5.27	5.17	5.12	5.07	4.96	4.90	4.85
	0.01	7.87	7.79	7.72	7.56	7.40	7.31	7.23	7.06	6.97	6.88
7	0.10	2.70	2.68	2.67	2.63	2.59	2.58	2.56	2.51	2.49	2.47
	0.05	3.64	3.60	3.57	3.51	3.44	3.41	3.38	3.30	3.27	3.23
	0.	4.76	4.71	4.67	4.57	4.47	4.42	4.36	4.25	4.20	4.14
	025	6.62	6.54	6.47	6.31	6.16	6.07	5.99	5.82	5.74	5.65
	0.01										
8	0.10	2.54	2.52	2.50	2.46	2.42	2.40	2.38	2.34	2.32	2.29
	0.05	3.35	3.31	3.28	3.22	3.15	3.12	3.08	3.01	2.97	2.93
	0.025	4.30	4.25	4.20	4.10	4.00	3.95	3.89	3.78	3.73	3.67
	0.01	5.81	5.73	5.67	5.52	5.36	5.28	5.20	5.03	4.95	4.89
9	0.10	2.42	2.40	2.38	2.34	2.30	2.28	2.25	2.21	2.18	2.16
	0.05	3.14	3.10	3.07	3.01	2.94	2.90	2.86	2.79	2.75	2.71
	0.025	3.96	3.91	3.87	3.77	3.67	3.61	3.56	3.45	3.39	3.33
	0.01	5.26	5.18	5.11	4.96	4.81	4.73	4.65	4.48	4.40	4.31
10	0.10	2.32	2.30	2.28	2.24	2.20	2.18	2.16	2.11	2.08	2.06
	0.05	2.98	2.94	2.91	2.84	2.77	2.74	2.70	2.62	2.58	2.54
	0.025	3.72	3.67	3.62	3.52	3.42	3.37	3.31	3.20	3.14	3.08
	0.01	4.85	4.77	4.71	4.56	4.41	4.33	4.25	4.08	4.00	3.91
11	0.10	2.25	2.23	2.21	2.17	2.12	2.10	2.08	2.03	1.99	1.97
	0.05	2.85	2.82	2.79	2.72	2.65	2.61	2.57	2.49	2.43	2.40
	0.025	3.52	3.48	3.43	3.33	3.23	3.17	3.12	3.00	2.94	2.88
	0.01	4.54	4.46	4.40	4.25	4.10	4.02	3.94	3.78	3.66	3.60
12	0.10	2.19	2.17	2.15	2.10	2.06	2.04	2.01	1.96	1.93	1.90
	0.05	2.75	2.72	2.69	2.62	2.54	2.51	2.47	2.38	2.34	2.30
	0.025	3.37	3.32	3.28	3.18	3.07	3.02	2.96	2.85	2.79	2.72
	0.01	4.30	4.22	4.16	4.01	3.86	3.78	3.70	3.54	3.45	3.36

ν_2	q	분자자유도 ν_1								
		1	2	3	4	5	6	7	8	9
13	0.10	3.14	2.76	2.56	2.43	2.35	2.28	2.23	2.20	2.16
	0.05	4.67	3.81	3.41	3.18	3.03	2.92	2.83	2.77	2.71
	0.025	6.41	4.97	4.35	4.00	3.77	3.60	3.48	3.39	3.31
	0.01	9.07	6.70	5.73	5.21	4.86	4.62	4.44	4.30	4.19
14	0.10	3.10	2.73	2.52	2.39	2.31	2.24	2.19	2.15	2.12
	0.05	4.60	3.74	3.34	3.11	2.96	2.85	2.76	2.70	2.65
	0.025	6.39	4.86	4.24	3.80	3.66	3.50	3.36	3.29	3.26
	0.01	8.86	6.51	5.56	5.04	4.69	4.46	4.28	4.14	4.03
15	0.10	3.07	2.70	2.49	2.36	2.27	2.21	2.16	2.12	2.09
	0.05	4.54	3.68	3.29	3.06	2.90	2.79	2.71	2.64	2.59
	0.025	6.20	4.77	4.15	3.80	3.58	3.41	3.29	3.20	3.12
	0.01	8.68	6.36	5.42	4.89	4.56	4.32	4.14	4.00	3.89
16	0.10	3.05	2.67	2.46	2.33	2.24	2.18	2.13	2.09	2.06
	0.05	4.49	3.63	3.24	3.01	2.85	2.74	2.66	2.59	2.54
	0.025	6.12	4.69	4.08	3.73	3.50	3.34	3.22	3.12	3.05
	0.01	8.53	6.23	5.29	4.77	4.44	4.20	4.03	3.89	3.78
17	0.10	3.03	2.64	2.44	2.31	2.22	2.15	2.10	2.06	2.03
	0.05	4.45	3.59	3.20	2.96	2.81	2.70	2.61	2.55	2.49
	0.025	6.04	4.62	4.01	3.66	3.44	3.28	3.16	3.06	2.98
	0.01	8.40	6.11	5.18	4.67	4.34	4.10	3.93	3.79	3.68
18	0.10	3.01	2.62	2.42	2.29	2.20	2.13	2.08	2.04	2.00
	0.05	4.41	3.55	3.16	2.93	2.77	2.66	2.58	2.51	2.46
	0.025	5.98	4.56	3.95	3.61	3.38	3.22	3.10	3.01	2.93
	0.01	8.29	6.01	5.09	4.58	4.25	4.01	3.84	3.71	3.60
19	0.10	2.99	2.61	2.40	2.27	2.18	2.11	2.06	2.02	1.98
	0.05	4.38	3.52	3.13	2.90	2.74	2.63	2.54	2.48	2.42
	0.025	5.92	4.51	3.90	3.56	3.33	3.17	3.05	2.96	2.88
	0.01	8.18	5.93	5.01	4.50	4.17	3.94	3.77	3.63	3.52
20	0.10	2.97	2.59	2.38	2.25	2.16	2.09	2.04	2.00	1.96
	0.05	4.35	3.49	3.10	2.87	2.71	2.60	2.51	2.45	2.39
	0.025	5.87	4.46	3.86	3.51	3.29	3.13	3.01	2.91	2.84
	0.01	8.10	5.85	4.94	4.43	4.10	3.87	3.70	3.56	3.46
24	0.10	2.93	2.54	2.33	2.19	2.10	2.04	1.98	1.94	1.91
	0.05	4.26	3.40	3.01	2.78	2.62	2.51	2.42	2.36	2.30
	0.025	5.72	4.32	3.72	3.38	3.15	2.99	2.87	2.78	2.70
	0.01	7.82	5.61	4.72	4.22	3.90	3.67	3.50	3.36	3.26
30	0.10	2.88	2.49	2.28	2.14	2.05	1.98	1.93	1.88	1.85
	0.05	4.17	3.32	2.92	2.69	2.53	2.42	2.33	2.27	2.21
	0.025	5.57	4.18	3.59	3.25	3.03	2.87	2.75	2.65	2.57
	0.01	7.56	5.39	4.51	4.02	3.70	3.47	3.30	3.17	3.07
60	0.10	2.79	2.39	2.18	2.04	1.95	1.87	1.82	1.77	1.74
	0.05	4.00	3.15	2.76	2.53	2.37	2.25	2.17	2.10	2.04
	0.025	5.29	3.93	3.34	3.01	2.79	2.63	2.51	2.41	2.33
	0.01	7.08	4.98	4.13	3.65	3.34	3.12	2.95	2.82	2.72
120	0.10	2.75	2.36	2.13	1.99	1.90	1.82	1.77	1.72	1.68
	0.05	3.92	3.07	2.68	2.45	2.29	2.18	2.09	2.02	1.96
	0.025	5.15	3.80	3.23	2.89	2.67	2.52	2.39	2.30	2.22
	0.01	7.08	4.98	4.13	3.65	3.34	3.12	2.95	2.82	2.72
◎	0.10	2.71	2.30	2.08	1.94	1.85	1.77	1.72	1.67	1.63
	0.05	3.84	3.00	2.60	2.37	2.21	2.10	2.01	1.94	1.88
	0.025	5.02	3.69	3.12	2.79	2.57	2.41	2.29	2.19	2.11
	0.01	6.63	4.61	3.78	3.32	3.02	2.80	2.64	2.51	2.41

ν_2	q	분자자유도ν_1 10	11	12	15	20	24	30	60	120	◎
13	0.10	2.14	2.12	2.10	2.05	2.01	1.98	1.96	1.90	1.86	1.85
	0.05	2.67	2.63	2.60	2.53	2.46	2.42	2.38	2.30	2.23	2.21
	0.025	3.25	3.20	3.15	3.05	2.95	2.89	2.84	2.72	2.66	2.60
	0.01	4.10	4.02	3.96	3.82	3.66	3.59	3.51	3.34	3.22	3.17
14	0.10	2.10	2.08	2.05	2.01	1.96	1.94	1.91	1.86	1.83	1.80
	0.05	2.60	2.57	2.53	2.46	2.39	2.35	2.31	2.22	2.18	2.13
	0.025	3.15	3.10	3.05	2.95	2.84	2.79	2.73	2.61	2.55	2.49
	0.01	3.94	3.86	3.38	3.66	3.51	3.43	3.35	3.18	3.09	3.00
15	0.10	2.06	2.04	2.02	1.97	1.92	1.90	1.87	1.82	1.79	1.76
	0.05	2.54	2.51	2.48	2.40	2.33	2.29	2.25	2.16	2.11	2.07
	0.025	3.06	3.01	2.96	2.86	2.76	2.70	2.64	2.52	2.46	2.40
	0.01	3.80	3.73	3.67	3.52	3.37	3.29	3.21	3.05	2.96	2.87
16	0.10	2.03	2.01	1.99	1.94	1.89	1.87	1.84	1.78	1.75	1.72
	0.05	2.49	2.46	2.42	2.35	2.28	2.24	2.19	2.11	2.06	2.01
	0.025	2.99	2.94	2.89	2.79	2.68	2.63	2.57	2.45	2.38	2.32
	0.01	3.69	3.62	3.55	3.41	3.26	3.18	3.10	2.93	2.84	2.75
17	0.10	2.00	1.98	1.96	1.91	1.86	1.84	1.81	1.75	1.72	1.69
	0.05	2.45	2.41	2.38	2.32	2.23	2.19	2.15	2.06	2.01	1.96
	0.025	2.92	2.87	2.82	2.72	2.62	2.56	2.50	2.38	2.32	2.25
	0.01	3.59	3.52	3.46	3.31	3.16	3.08	3.00	2.83	2.75	2.65
18	0.10	1.98	1.96	1.93	1.89	1.84	1.81	1.78	1.72	1.69	1.66
	0.05	2.41	2.37	2.34	2.27	2.19	2.15	2.11	2.02	1.97	1.92
	0.025	2.87	2.82	2.77	2.67	2.56	2.50	2.44	2.32	2.26	2.19
	0.01	3.51	3.43	3.37	3.23	3.08	3.00	2.92	2.75	2.66	2.57
19	0.10	1.96	1.94	1.91	1.86	1.81	1.79	1.76	1.70	1.67	1.63
	0.05	2.38	2.34	2.31	2.23	2.16	2.11	2.07	1.98	1.93	1.88
	0.025	2.82	2.77	2.72	2.62	2.51	2.45	2.39	2.27	2.20	2.13
	0.01	3.43	3.36	3.30	3.15	3.00	2.92	2.84	2.67	2.58	2.49
20	0.10	1.94	1.92	1.89	1.84	1.79	1.77	1.74	1.68	1.64	1.61
	0.05	2.35	2.31	2.28	2.20	2.12	2.08	2.04	1.95	1.90	1.84
	0.025	2.77	2.72	2.68	2.57	2.46	2.41	2.35	2.22	2.16	2.09
	0.01	3.37	3.29	3.23	3.09	2.94	2.86	2.78	2.61	2.52	2.42
24	0.10	1.88	1.85	1.83	1.78	1.73	1.70	1.67	1.61	1.57	1.53
	0.05	2.25	2.21	2.18	2.11	2.03	1.98	1.94	1.84	1.79	1.73
	0.025	2.64	2.59	2.54	2.44	2.33	2.27	2.21	2.08	2.01	1.94
	0.01	3.17	3.09	3.03	2.89	2.74	2.66	2.58	2.40	2.31	2.21
30	0.10	1.82	1.79	1.77	1.72	1.67	1.64	1.61	1.54	1.50	1.46
	0.05	2.16	2.13	2.09	2.01	1.93	1.89	1.84	1.74	1.68	1.62
	0.025	2.51	2.46	2.41	2.31	2.20	2.14	2.07	1.94	1.87	1.79
	0.01	2.98	2.91	2.84	2.70	2.55	2.47	2.39	2.21	2.11	2.01
60	0.10	1.71	1.68	1.66	1.60	1.54	1.51	1.48	1.40	1.35	1.29
	0.05	1.99	1.95	1.92	1.84	1.75	1.70	1.65	1.53	1.47	1.39
	0.025	2.27	2.22	2.17	2.06	1.94	1.88	1.82	1.67	1.58	1.48
	0.01	2.63	2.56	2.50	2.35	2.20	2.12	2.03	1.84	1.73	1.60
120	0.10	1.65	1.62	1.60	1.55	1.48	1.45	1.41	1.32	1.26	1.19
	0.05	1.91	1.87	1.83	1.75	1.66	1.61	1.55	1.43	1.35	1.25
	0.025	2.16	2.11	2.05	1.94	1.82	1.76	1.69	1.53	1.43	1.31
	0.01	2.47	2.40	2.34	2.19	2.03	1.95	1.86	1.66	1.53	1.38
◎	0.10	1.60	1.57	1.55	1.49	1.42	1.38	1.34	1.24	1.17	1.00
	0.05	1.83	1.79	1.75	1.67	1.57	1.52	1.46	1.32	1.22	1.00
	0.025	2.05	2.00	1.94	1.83	1.71	1.64	1.57	1.39	1.27	1.00
	0.01	2.32	2.25	2.18	2.04	1.88	1.79	1.70	1.47	1.32	1.00

[표 A-5] Durbin-Watson 검정표

Durbin-Watson 검정의 상한(d_U)과 하한(d_L) (α = 0.01, 0.025, 0.05)

		k (독립변수 수)									
		1		2		3		4		5	
n	α	d_L	d_U	d_L	d_U	d_L	d_U	d_L	d_U	d_L	d_U
	0.01	0.81	1.07	0.70	1.25	0.59	1.46	0.49	1.70	0.39	1.96
15	0.025	0.95	1.23	0.83	1.40	0.71	1.61	0.59	1.84	0.48	2.09
	0.05	1.08	1.36	0.95	1.54	0.82	1.75	0.69	1.97	0.56	2.21
	0.01	0.95	1.15	0.86	1.27	0.77	1.41	0.63	1.57	0.60	1.74
20	0.025	1.08	1.28	0.99	1.41	0.89	1.55	0.79	1.70	0.70	1.87
	0.05	1.23	1.41	1.10	1.54	1.00	1.68	0.90	1.83	0.79	1.99
	0.01	1.05	1.21	0.98	1.30	0.90	1.41	0.83	1.52	0.75	1.65
25	0.025	1.13	1.34	1.10	1.43	1.02	1.54	0.94	1.65	0.86	1.77
	0.05	1.29	1.45	1.21	1.55	1.12	1.66	1.04	1.77	0.95	1.89
	0.01	1.13	1.26	1.07	1.34	1.01	1.42	0.94	1.51	0.88	1.61
30	0.025	1.25	1.38	1.18	1.46	1.12	1.54	1.05	1.63	0.98	1.73
	0.05	1.35	1.49	1.28	1.57	1.21	1.65	1.14	1.74	1.07	1.83
	0.01	1.25	1.34	1.20	1.40	1.15	1.46	1.10	1.52	1.05	1.58
40	0.025	1.35	1.45	1.30	1.51	1.25	1.57	1.20	1.63	1.15	1.69
	0.05	1.44	1.54	1.39	1.60	1.34	1.66	1.29	1.72	1.23	1.7950

[표 A-6] 계량형 관리도 계수표

부분군 크기 n	$\overline{X}$ 관리도			c 관리도						R 관리도						
	A	A_2	A_3	c_4	$1/c_4$	B_3	B_4	B_5	B_6	d_2	$1/d_2$	d_3	D_1	D_2	D_3	D_4
2	2.121	1.880	2.659	0.7979	1.2533	0	3.267	0	2.606	1.128	0.8865	0.853	0	3.686	0	3.267
3	1.732	1.023	1.954	0.8862	1.1284	0	2.568	0	2.276	1.693	0.5907	0.888	0	4.358	0	2.575
4	1.500	0.729	1.628	0.9213	1.0854	0	2.266	0	2.088	2.059	0.4857	0.880	0	4.698	0	2.282
5	1.342	0.577	1.427	0.9400	1.0638	0	2.089	0	1.964	2.326	0.4299	0.864	0	4.918	0	2.115
6	1.225	0.483	1.287	0.9515	1.0510	0.030	1.970	0.029	1.874	2.534	0.3946	0.848	0	5.078	0	2.004
7	1.134	0.419	1.182	0.9594	1.0423	0.118	1.882	0.113	1.806	2.704	0.3698	0.833	0.204	5.204	0.076	1.924
8	1.061	0.373	1.099	0.9650	1.0363	0.185	1.815	0.179	1.751	2.847	0.3512	0.820	0.388	5.306	0.136	1.864
9	1.000	0.337	1.032	0.9693	1.0317	0.239	1.761	0.232	1.707	2.970	0.3367	0.808	0.547	5.393	0.184	1.816
10	0.949	0.308	0.975	0.9727	1.0281	0.284	1.716	0.276	1.669	3.078	0.3249	0.797	0.687	5.469	0.223	1.777
11	0.905	0.285	0.927	0.9754	1.0252	0.321	1.679	0.313	1.637	3.173	0.3152	0.787	0.811	5.535	0.256	1.744
12	0.866	0.266	0.886	0.9776	1.0229	0.354	1.646	0.346	1.610	3.258	0.3069	0.778	0.922	5.594	0.283	1.717
13	0.832	0.249	0.850	0.9794	1.0210	0.382	1.618	0.374	1.585	3.336	0.2998	0.770	1.025	5.647	0.307	1.693
14	0.802	0.235	0.817	0.9810	1.0194	0.406	1.594	0.399	1.563	3.407	0.2935	0.763	1.118	5.696	0.328	1.672
15	0.775	0.223	0.789	0.9823	1.0180	0.428	1.572	0.421	1.544	3.472	0.2880	0.756	1.203	5.741	0.347	1.653
16	0.750	0.212	0.763	0.9835	1.0168	0.448	1.552	0.440	1.526	3.532	0.2831	0.750	1.282	5.782	0.363	1.637
17	0.728	0.203	0.739	0.9845	1.0157	0.466	1.534	0.458	1.511	3.588	0.2787	0.744	1.356	5.820	0.378	1.622
18	0.707	0.194	0.718	0.9854	1.0148	0.482	1.518	0.475	1.496	3.640	0.2747	0.739	1.424	5.856	0.391	1.608
19	0.688	0.187	0.698	0.9862	1.0140	0.497	1.503	0.490	1.483	3.689	0.2711	0.734	1.487	5.891	0.403	1.597
20	0.671	0.180	0.680	0.9869	1.0133	0.510	1.490	0.504	1.470	3.735	0.2677	0.729	1.549	5.921	0.415	1.585
21	0.655	0.173	0.663	0.9876	1.0126	0.523	1.477	0.516	1.459	3.778	0.2647	0.724	1.605	5.951	0.425	1.575
22	0.640	0.167	0.647	0.9882	1.0119	0.534	1.466	0.528	1.448	3.819	0.2618	0.720	1.659	5.979	0.434	1.566
23	0.626	0.162	0.633	0.9887	1.0114	0.545	1.455	0.539	1.438	3.858	0.2592	0.716	1.710	6.006	0.443	1.557
24	0.612	0.157	0.619	0.9892	1.0109	0.555	1.445	0.549	1.429	3.895	0.2567	0.712	1.759	6.031	0.451	1.548
25	0.600	0.153	0.606	0.9896	1.0105	0.565	1.435	0.559	1.420	3.931	0.2544	0.708	1.806	6.056	0.459	1.541

[표 A-7] KS A 3102 계수규준형 1회 샘플링 검사표

왼쪽 글자는 n, 오른쪽 글자는 c $\alpha = 0.05,\ \beta = 0.1$

p_1(%) p_0(%)	0.71 ~ 0.90	0.91 ~ 1.12	1.13 ~ 1.40	1.41 ~ 1.80	1.81 ~ 2.24	2.25 ~ 2.80	2.81 ~ 3.55	3.56 ~ 4.50	4.51 ~ 5.60	5.61 ~ 7.10	7.11 ~ 9.00	9.01 ~ 11.2	11.3 ~ 14.0	14.1 ~ 18.0	18.1 ~ 22.4	22.5 ~ 28.0	28.1 ~ 35.5	p_1(%) p_0(%)
0.090 ~ 0.112	*	400 1	❋	✶	❋	●	60 0	50 0	✶	❋	❋	✶	❋	❋	❋	❋	❋	0.090 ~ 0.112
0.113 ~ 0.140	*	❋	300 1	❋	✶	❋	●	✸	40 0	✶	❋	❋	✶	❋	❋	❋	❋	0.113 ~ 0.140
0.141 ~ 0.180	*	500 2	❋	250 1	❋	✶	❋	●	✸	30 0	✶	❋	❋	✶	❋	❋	❋	0.141 ~ 0.180
0.181 ~ 0.224	*	*	400 2	❋	200 1	❋	✶	❋	●	✸	25 0	✶	❋	❋	✶	❋	❋	0.181 ~ 0.224
0.225 ~ 0.280	*	*	500 3	300 2	❋	150 1	❋	✶	❋	●	✸	20 0	✶	❋	❋	✶	❋	0.225 ~ 0.280
0.281 ~ 0.355	*	*	*	400 3	250 2	❋	120 1	❋	✶	❋	●	✸	15 0	✶	❋	❋	✶	0.281 ~ 0.355
0.356 ~ 0.450	*	*	*	500 4	300 3	200 2	❋	100 1	❋	✶	❋	●	✸	15 0	✶	❋	❋	0.356 ~ 0.450
0.451 ~ 0.560	*	*	*	*	400 4	250 3	150 2	❋	80 1	❋	✶	❋	●	✸	10 0	✶	❋	0.451 ~ 0.560
0.561 ~ 0.710	*	*	*	*	500 6	300 4	200 3	120 2	❋	60 1	❋	✶	❋	●	✸	7 0	✶	0.561 ~ 0.710
0.711 ~ 0.900	*	*	*	*	*	400 6	250 4	150 3	100 2	❋	50 1	❋	✶	❋	●	✸	5 0	0.711 ~ 0.900
0.901 ~ 1.12		*	*	*	*	*	300 6	200 4	120 3	80 2	❋	40 1	❋	✶	❋	✸	✸	0.901 ~ 1.12
1.13 ~ 1.40			*	*	*	*	500 10	250 6	150 4	100 3	60 2	❋	30 1	❋	✶	❋	✸	1.13 ~ 1.40
1.41 ~ 1.80				*	*	*	*	400 10	200 6	120 4	80 3	50 2	❋	25 1	❋	✶	❋	1.41 ~ 1.80
1.81 ~ 2.24					*	*	*	*	300 10	150 6	100 4	60 3	40 2	❋	20 1	❋	✶	1.81 ~ 2.24
2.25 ~ 2.80						*	*	*	*	250 10	120 6	70 4	50 3	30 2	❋	15 1	❋	2.25 ~ 2.80
2.81 ~ 3.55							*	*	*	*	200 10	100 6	60 4	40 3	25 2	❋	10 1	2.81 ~ 3.55
3.56 ~ 4.50								*	*	*	*	150 10	80 6	50 4	30 3	20 2	❋	3.56 ~ 4.50
4.51 ~ 5.60									*	*	*	*	120 10	60 6	40 4	25 3	15 2	4.51 ~ 5.60
5.61 ~ 7.10										*	*	*	*	100 10	50 6	30 4	20 3	5.61 ~ 7.10
7.11 ~ 9.00											*	*	*	*	70 10	40 6	25 4	7.11 ~ 9.00
9.01 ~ 11.2												*	*	*	*	60 10	30 6	9.01 ~ 11.2
p_0(%) p_1(%)	0.71 ~ 0.90	0.91 ~ 1.12	1.13 ~ 1.40	1.41 ~ 1.80	1.81 ~ 2.24	2.25 ~ 2.80	2.81 ~ 3.55	3.56 ~ 4.50	4.51 ~ 5.60	5.61 ~ 7.10	7.11 ~ 9.00	9.01 ~ 11.2	11.3 ~ 14.0	14.1 ~ 18.0	18.1 ~ 22.4	22.5 ~ 28.0	28.1 ~ 35.5	p_0(%) p_1(%)

[표 A-8] 난수표

83	28	78	05	18	98	49	22	54	11	92	37	45	11	63	60	19	05	91	26
84	73	82	58	01	90	55	37	85	68	98	15	99	52	99	84	51	91	73	81
00	79	20	99	42	57	55	67	93	39	99	25	65	10	94	54	84	65	16	23
94	48	02	99	71	08	50	84	66	10	10	34	92	30	89	28	30	74	24	24
54	37	52	43	87	22	21	34	20	15	07	67	64	98	36	01	33	34	04	42
47	68	59	90	98	90	27	71	89	89	98	20	24	19	85	02	34	38	26	71
76	16	58	55	51	85	44	00	28	28	38	91	70	70	16	81	13	49	46	54
37	64	90	35	64	45	47	72	82	03	01	65	05	97	13	90	90	57	51	97
92	78	39	12	48	01	83	46	39	29	98	71	39	56	97	66	97	70	05	77
24	50	29	02	71	28	53	99	75	07	13	18	76	97	72	54	85	79	71	60
01	72	71	23	86	40	70	05	35	36	15	64	11	01	11	18	90	14	95	05
43	28	52	77	22	80	49	89	79	65	91	17	80	94	34	02	17	61	00	42
29	09	19	54	67	67	88	54	62	09	07	97	35	19	31	25	06	92	25	02
27	95	74	89	62	45	75	39	06	89	58	96	64	65	81	84	85	20	01	47
52	43	54	97	75	80	00	38	20	38	57	46	57	33	87	19	66	06	40	32
78	11	60	42	09	83	28	40	93	57	61	22	27	27	47	80	44	34	47	27
03	74	36	27	13	19	14	76	35	73	66	29	95	65	12	87	61	91	34	30
82	25	35	57	16	29	21	27	51	23	06	52	40	00	28	11	47	23	63	01
09	91	87	20	33	76	61	55	79	21	74	36	21	36	05	47	28	42	92	51
19	82	00	40	15	52	45	35	13	48	74	10	97	36	22	85	44	57	91	72
69	41	17	07	11	54	36	81	57	38	55	39	85	74	48	05	06	43	10	63
48	80	36	26	28	95	03	79	54	31	41	55	48	85	78	63	09	05	69	07
80	02	51	78	94	07	88	62	85	82	80	37	56	15	59	30	46	42	84	02
19	51	95	22	72	72	95	51	57	73	04	68	00	95	04	30	66	52	60	74
50	36	31	76	75	39	04	95	69	47	95	23	01	70	95	04	04	18	68	14
60	03	34	57	41	76	35	06	75	60	21	58	86	36	02	33	00	59	63	13
59	40	60	83	61	73	45	18	08	23	54	86	64	57	76	70	00	89	43	24
29	51	12	43	14	24	35	78	76	22	82	50	68	02	13	19	07	00	19	07
57	07	34	86	57	96	99	57	44	54	90	87	33	76	71	71	23	28	88	37
81	73	29	08	96	62	34	26	52	32	23	74	17	49	45	62	17	88	50	50
40	20	21	54	17	65	99	31	09	72	67	87	16	34	00	76	26	23	42	40
81	26	86	30	79	17	93	45	74	50	50	24	65	52	06	59	04	60	73	63
13	65	31	57	36	88	98	35	04	96	41	37	45	87	57	57	21	15	34	59
23	41	47	66	24	73	31	96	72	07	09	43	88	63	33	80	54	79	84	18
79	62	53	27	85	43	51	69	83	81	90	85	84	72	18	48	41	20	81	59
13	40	75	73	19	92	12	01	91	95	23	99	99	30	30	58	46	22	64	41
54	87	97	55	83	91	42	61	41	02	40	18	39	20	56	19	56	35	04	32
09	29	30	63	75	86	85	29	15	34	68	92	34	06	81	60	32	16	05	37
61	99	27	99	73	18	94	29	25	74	22	20	70	46	30	38	26	91	59	16
31	84	93	27	40	23	25	86	68	30	10	11	91	59	61	07	41	97	10	39
35	86	11	25	98	38	27	14	79	68	77	60	63	34	23	80	75	43	48	79
40	42	68	85	23	40	27	56	54	56	75	65	70	49	24	08	10	44	75	59
25	14	94	00	99	80	81	44	49	08	98	93	71	74	11	14	54	69	71	69
56	18	75	63	56	68	25	36	75	98	00	18	19	15	24	28	56	80	75	97
79	61	54	67	58	38	93	69	45	95	61	19	17	35	89	90	98	70	26	20
92	91	81	49	33	32	46	67	28	20	40	99	88	73	56	33	29	13	41	89
01	79	85	45	45	36	05	67	56	17	59	77	59	34	35	01	15	21	00	35
55	84	71	36	40	39	47	25	25	73	69	14	55	73	35	86	61	17	98	69
38	36	66	66	19	40	90	83	06	31	24	67	91	74	54	14	87	24	61	80
01	69	50	70	31	02	98	86	42	01	94	98	07	85	28	38	37	30	72	76